学校ってボクらの力で変わるね

―子どもの権利が生きる学校づくり―

植田一夫　著
福田敦志　解説

高文研

はじめに

次に挙げる証言は小・中学校に広がっている深刻な事態を象徴しています。

子どもたち二人の産休・育休を経て学校現場へ戻ってみると、現場がまさに「スタンダード化」を推進し、どんどん教師の独創性にフタをするような学校へと変化していた。「スタンダードさえやっておけば安心」と、工夫せず「子どもありき」の授業から遠くかけ離れた若い二〇代の先生の授業も多くある。図工の飾る絵も同じ、参観の授業の進め方もすべて同じ、宿題もすべて同じ……と学年でそろえることで保護者からのクレームが減るとのこと。クラス間格差をなくすとのことらしいが、子どもたちがおいてきぼりになっているような気がずっとしている。

この証言は、二〇一九年度の教員免許状更新講習で出されたものです。全国生活指導研究協議会第六〇回基調提案は、新学習指導要領体制のもと「PDCAサイクルモデル[1]が全国をのし歩いている」といいます。PDCAサイクルモデルは「学校スタンダードと一体になって進められ」ているとし、「日常の『指導』が『スタンダード』の名のもとにマニュアル化され、そこから逸脱する子どもや、その一律のスタイルとは違う指導を試みる教師は『例外扱い』とされる」と基調提案はしています。一番問題なのは「マニュアルには子ども分析がまったくないことである」それは「なぜ子どもはそうするのか、なにが子どもたちの要求なのか。その分析もなければ子どもと教師の相互応答関係への視点もない」と指摘します[2]。つまり、どんな子どもたちが目の前にいても同じことをマニュアルに沿って実行するということなのです。言い換えれば、スタンダードに子どもたちを合わせるということです。

このスタンダードはもう一つの状態を産み出します。それは藤井啓之（二〇一四）のいう「学級の生活上のルールに始まり、座席や班の配置、当番・係活動、教室の掲示に及ぶまで、基本的には教師が決め、子どもは教師の決めたことに従って行動できるようにしつけられ、訓練される存在として見なされる」という状態です[3]。この状態は、藤井（二〇一四）のいう「お任せ民主主義」を産み出します。お任せ民主主義とは「自分たちの生活基盤はどこかの誰かが提供してくれるものであり、その基盤がどのようなものであれ、それを作り変えたりすること（＝政治）には関与せず、与えられた生活基盤の上で、各自が勝手にそれぞれの生活で苦しんだり楽しんだりするものだ」[4]といいます。総務省の「常時啓発事業の在り方等研究会」の最終報告によれば、「我が国では、児童・生徒が学校内の身近な問題について自分たちで考え、主体的に発言し、決定に参画していくという学校民主主義の実践がほとんどなされていない」と問題を指摘しています[5]。

このような学校状況が広がる中で、滋賀県近江八幡市立島小学校の実践を公刊したいと思います。「子どもたちを信頼して様々なことを任せると子どもたちはどんな力を発揮するのか」「学校への子ども参加を促すと、子どもたちはどんな生活世界をつくっていくのか」を明らかにしたいのです。そして、このことを手がかりに、学校スタンダードから一歩抜け出て、自前の民主主義を教室や学校などの身近な社会で展開することへの切り口を提供できるのではないかと考えます。

本書では、著者の初任校である能登川東小学校や続いての武佐小学校の実践を島小実践の土台として位置付け、島小学校での一一年間を、生活と学習における子ども参加を中心とした学校づくりとしてまとめてみました。そして、最後の勤務校である八幡小学校で実践した総合学習の取り組みを島小実践と一体のものとしてとらえ、教育課程の自主編成の大切さとして問題提起したいと思います。

島小学校は琵琶湖の東、滋賀県近江八幡市にあります。今は干拓地になっているところを内湖に戻すと、渡合橋一本でつながった、文字通り島になります。西国三十三所第三十一番札所　長命寺や円山の水郷巡りなどの観光地があります。戦後、内湖を干拓して農地にした大中という農業の盛んな地域もあり、自然豊かな校区が広がっています。児童数は私が赴任した一九九九年にはおよそ一四〇人でしたが私が転勤した二〇〇九年にはおよそ一二〇人、全学年単級の学校です。

木全清博《きまたきよひろ》（二〇〇七）[6]によれば、島小は昭和初期、郷土教育運動の盛んなときに「先進的な実践校として全国的にもよく知られた学校」であったといいます。「一九二七（昭和二）年から郷土調査や郷土研究に取り組み、郷土読本の編纂、郷土室の整備、教科内容の郷土化など郷土教育の実践を行った」そして「当時の教育の画一化を批判して、郷土教材を発掘して教育の実際化・地方化をめざした実践を展開した」とあります。「一九三〇年から一九四二年までの島小の著作物は約四〇冊」に及びます[7]。

その郷土教育が盛んに行われてきた島小学校の様子を今に伝えるものがあります。それは著者の三年生の地域の歴史学習をする中で明らかになりました。一九二八（昭和三）年から一九七三（昭和四八）年まで四五年間使われてきた校舎の様子です。二〇〇九年度の島小学校の研究紀要から引用します。

「平面図を見るだけでうきうきしてくる学校だ。子どもたちはその当時を思い起こした高校二年生の作文と平面図からいろいろなことを発見していく。

『水族館があるからうらやましい』（直椰）、『鳥が百羽いました』（拓海）、『動物園みたいやし、作物も一杯ある』（千夏）、『島小は今立っている公民館のところにあった。それは広くて驚きました。動物や果物があったのです。動物やったら、うさぎや名古屋コーチンや緬羊やおしどりや豚を飼っていた』（千尋）、『廊下がぴかぴか光っていて、豚が丸々と太っていて、うさぎが四〇〜五〇羽いるなんてびっくりしました。チャボの家があったり、水族館があったり、天気予報の旗が掲げられていたり、美しいペンキを塗った校舎があるなんてめっちゃすごいです』（奈央）

資料を通して、こんなに当時の学校を思い描くことができることはそうそうない。そんなふうに再現できる一つのわけが、この校舎で戦前、郷土教育が展開されていたことにある。（中略）社会科や理科は勿論のこと、国語や算数まで郷土化を図っている。そのことも含めて子どもたちに伝えた」(8)

こんな前史をもつ島小学校の実践を中心として『学校ってボクらの力で変わるね―子どもの権利が生きる学校づくり―』をはじめることにします。

注

(1) 二〇一七年改訂学習指導要領が提起した「児童・生徒の実態と学校の教育目標そして各教科領域での課題をふまえ、教育課程を編成・実施・評価・再編成する仕方（ＰＤＣＡサイクル）で教育効果を高めること」を求めている。（水原克敏『学習指導要領は国民形成の設計書』東北大学出版会、二〇一七年、二六一頁）

(2) 全国生活指導研究協議会　第六〇回全国大会基調提案「子どもが権利主体となる自治の世界をつくりだそう―「スタンダード」を超える学級・学校づくり―」『生活指導』№７３９、高文研、二〇一八年、四四頁。

(3) 藤井啓之「学級は誰ものか―子どもとつくる学級・子どもが作る学級」『生活指導』№７１３、高文研、二〇一四年、二二頁―二九頁。

(4) 同上書、二二頁―二九頁。

(5) 平成二三（二〇一一）年一二月総務省「常時啓発事業の在り方等研究会」最終報告書　社会に参加し、自ら考え、自ら判断する主権者を目指して―新たなステージ「主権者教育」へ―、四頁。

(6) 木全清博、元滋賀大学教育学部教授、社会科教育学・地域教育史が専門。著書に『地域に根ざした学校づくりの源流―滋賀県島小学校の郷土教育―』文理閣、二〇〇七年、『滋賀の学校史』文理閣、二〇〇四年などがある。

(7) 木全清博『地域に根ざした学校づくりの源流―滋賀県島小学校の郷土教育―』文理閣、二〇〇七年、まえがき。

(8) 植田一夫「地域学習を豊かに展開する―地図学習から地域の歴史まで―」『二〇〇九年度島小学校研究紀要』二〇一〇年、島小学校、Ｂ―五―一一頁。

★もくじ

第5章　子どもの参加領域の拡大

第6章　子どもの権利憲章が描く世界と道徳教育

第9章　教育課程の自主編成

第 1 章

学校づくりの出発点

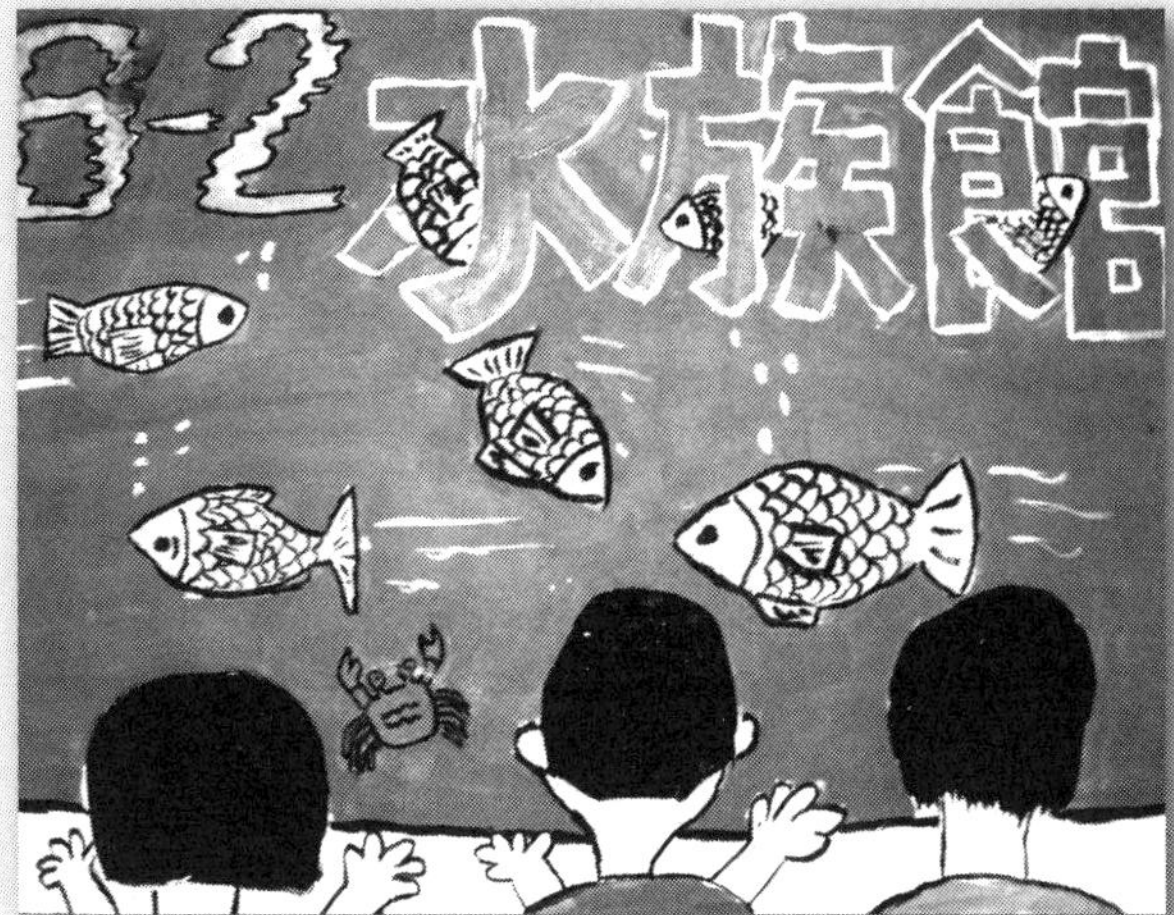

「面白いよ！　水族館。来てね」

私たちは一〇年あまり子どもの権利が生きる学校をつくってきました。それは子どもの権利条約(1)に基づく学校づくりであり、子どもと教師で力を合わせて学校をつくるということでした。その学校づくりの出発点になったことをいくつか紹介します。

第1節　私の学校観を変えた二つのこと

第1項　阪神・淡路大震災下の子ども観・学校観・人間観

一つ目は阪神・淡路大震災（一九九五）にありました。震災に遭われた先生方がその当時のことを証言されています。

「非常時に教育委員会からの指示は何もなかったし、頼りにならなかった」

「学校のことは全部自分たちで考えた」

「次の日、子どもたちが登校してきた。宿題とか忘れ物とか、服装とか、そんなものは何も気にならなかった。来てくれただけで嬉しかった」

そして、ボランティアで支援に入った青年が一年以上経った今も被災地にいるわけを次のように語っていました。

「そこに私を必要としてくれる町があるから」

普段、斜めに見られていた茶髪の青年も、がれきの下にいる人を助け出す中で、必要とされ、感謝される中で自分の存在に気づいていきます。

私は、教師がいつも子どものことを第一に考える学校をつくりたい。子どもが〝自分は学校にとって必要な存在だ〟と感じられる学校をつくりたいと思ったのです。それも平常時に。

第2項　荒れた学校の中で

二つ目は、荒れた学校での経験です。教師の指導が入らず、反抗的な態度が目立ちました。授業中の立ち歩きも目立ち、授業が成立しませんでした。教師集団は団結して方針を出して取り組みましたが、なかなか改善の展望が描けませんでした。父母やPTAからも「先生は何をしているのか」と批判が上がりました。そこで、保護者にありのままを公開して援助を求めることに踏み切りました。

そうすると、保護者の姿勢が

「先生があんなに苦労しているのか」

「私たちにできることはないか」

というものに変わったのです。その後も、破られていく規則を前に、子ども、保護者、教師の三者で協議会を開いて、規則の決め直しを行いました。こうやって子どもたちの荒れを乗り越えたのです。

この経験は学校づくりは学校を構成する三者が中心になってする。つまり、子どもはもちろん、保護者にも学校を開いていくことの重要性を教えてくれたのです。

第2節　学校を取り巻く現状

第1項　教育制度によって様々に引き裂かれる子どもと教師

最近、子どもの権利が生きる学校をつくる意義を他にも感じ始めています。

そのひとつが「教育制度によって様々に引き裂かれる子どもと教師」の問題です。今、教育現場では、子どもとの関係性づくりの困難、親の思いとのすれちがいからくる困難が吹き出しています。数年前、親しくしているサークルの仲間が特別休暇に入りました。彼女は六年生を担任して困難に出会い、サークルでのいろいろな話し合いの中で、子どもとの関係を取り戻していきました。「サークルっていいなあ」と言っていた彼女でした。

しかしその後、課題のたくさんある三年生を持ち、責任を感じて四年生に持ち上がりました。四年生になると三学級が二学級に編成替えになり、学級の人数が増えました。その分、子どもたちの課題も大きくなりました。その上、新学習指導要領の移行措置で四年生は算数が過密になり、一日二時間しても間に合わない状態。そして、一旦子どもとの困難が吹き出すと職場での支えはあったものの、管理職などから「ベテランなのになぜうまくいかないのだ」と見られ、十分な支えのないまま、夜遅くの家庭訪問を繰り返しました。もうこれはもたないと特別休暇をとると決めてからも、教員評価にCと自己評価を書いていると「Cは〝できる〟やで」と管理職から追い打ちをかけられる始末だったといいます。

この事例一つとっても、子どもと教師が心通わせようとするのに対して、それを引き裂くものがたくさんあります。第一に教育条件、第二に教育課程、第三にできる者には優しいができない者には厳しい学校、第四に教員評価制度等々です。

第2項　トラブル回避のために子どもから仕事を奪う教師たち

子どもと教師、保護者と教師の間が緊張関係に陥っているなか、教師は子どもや保護者に失敗は見せたくない、失敗によるトラブルを避けたいという思いが極度に強まっているように思います。その結果、教師が活動の当番表をせっせと書いているような姿が目立っています。活動も一人一役にしたり、給食当番も話し合う以前に役割が決まっていて、トラブルも起こらないし、仲間で相談することもない。

つまり、子どもが仲間と相談して仕事を共同で担い、トラブルが起これば、お互いの気持ちを理解し合えばいいのに、教師は子どもから仕事を奪って、自らの不安を解消するための長時間労働に陥っているのです。

第3項　教育内容の増加と時間数不足

もう一つの問題は教育内容の増加とそれに伴う時間数不足です。短時間で教育内容を多くこなそうと思えば、教師は当然、用意周到に準備して授業に臨みます。それ自体はいいのですが、その結果、学習内容をこなすことに中心が置かれ、その授業の中で子どもたちがどのように感じているかが無視されてしまうことが出てくるのです。

子どもたちに授業の思い出を聞くと、脱線して横道にそれたときのことの方が心に残っているということがよくありますが、それは、そこに授業を脱線に導いた子がいて、ある意味で教科書のペースではない、自分たちのペースで授業が展開されたからにほかならないのです。横道にそれた時だけではなく、本来の授業においても、授業に参加している子どもの思いで授業が展開すること、そして、その結果、〝わかる〟に至った時が子どもにとって一番よい授業になるわけです。しかし、そんな授業は、教育内容の増加と時間不足によってとても少なくなったといっていいでしょう。

第4項　この困難を子どもたちとともに乗り越える

こんな状況の中で、子どもや同僚を信頼して、子どもの力を頼みにして学校をつくっていく。その中で子どもの持っている力に驚き、学び、さらに、任せていく。今いる子どもたちから、教育条件や教育課程を見直すことができればと考えました。つまり、子どもたちの学校への参加を高めることで、このように広がっている教育現場の困難を子どもたちと共に乗り越えることができないかと考えています。

第3節　土台となった実践

第1項　水族館を開こう

もう何十年も前の一九八七年のことです。初任校である能登川東小学校で受け持った最後の学年、六年生の実践です。

手元にある、子どもたちと共同で出した学級通信「きかんしゃ」を見てみると「僕たちは東小の機関車になれるといいな」という最高学年としての決意表明と同時に「男女争った学級問題」「涙の握手」「決意違反をしたら『あほ』と言われても仕方がないのか」など学級の友だち関係をめぐる諸問題について長時間に渡って話し合いをした記録があります。

こんな子どもたちを前に、私は次のような実践構想を立ててました。良くも悪くも当時の学級のトーンを作っていた淳、三郎、駿、涼らと共通の体験を積み重ね共通の「秘密」を作ること。そして、その中で彼らと一緒に取り組める活動を探り当て、学級内にその活動を持ち込み、彼らを中心にその活動に取り組みながら、よい面を引き出し、それぞれが持っている課題を乗り越えていくようにしたい。その活動の中で子どもたちの願いや要求がみんなの力で実現し、人間への信頼を回復したい。

一学期には、先ほども述べたように、子どもたちのなかで起きてくる問題について、お互いの思いを聴き取り、話し合うということを中心に地道に取り組みました。夏休みになると、二度にわたり淳、三郎、駿、涼ら四人と一緒に彼らの好きな魚取りをやったり、琵琶湖で目的地を目指して泳いだりして共通の「秘密」づくりをしました。その関係づくりをもとに、涼に魚釣りをしようと呼びかけると、涼は一本橋で釣りをする計画を立て、ビラを書いて学級のみんなに呼びかけました（資料①参照）。

　九月一日の始業式の午後、集まった子どもたちで早速釣りが始まりましたが、なかなか魚が釣れません。そこで網ですくうことになりました。夏休み中の魚取りでつかんだ魚とこの日にすくった魚は学級に水槽を置いて飼っていました。その後も四人を中心に魚取りは続き、魚の数も種類も増えてきました。そんな時、涼と三郎がアメリカザリガニの赤ちゃんをつかまえてきたのです。赤ちゃんを一年生に見せたら、みんな大喜びだったので「みんなにも見せてあげよう！」「きっと喜ぶでー」ということになり、九月二九日、学級に水族館を作ることになりました。私はこの時、水族館の取り組みの中心に淳、三郎、駿、涼らが座れば、みんなから頼りにされて存在感が高まるだろう。そして、存在感が高まれば、自分の目の前にある課題にも挑戦することができるだろうと考えていました。

資料① ※資料内の個人名は一部マスキング処理をしてあります（以下同）。

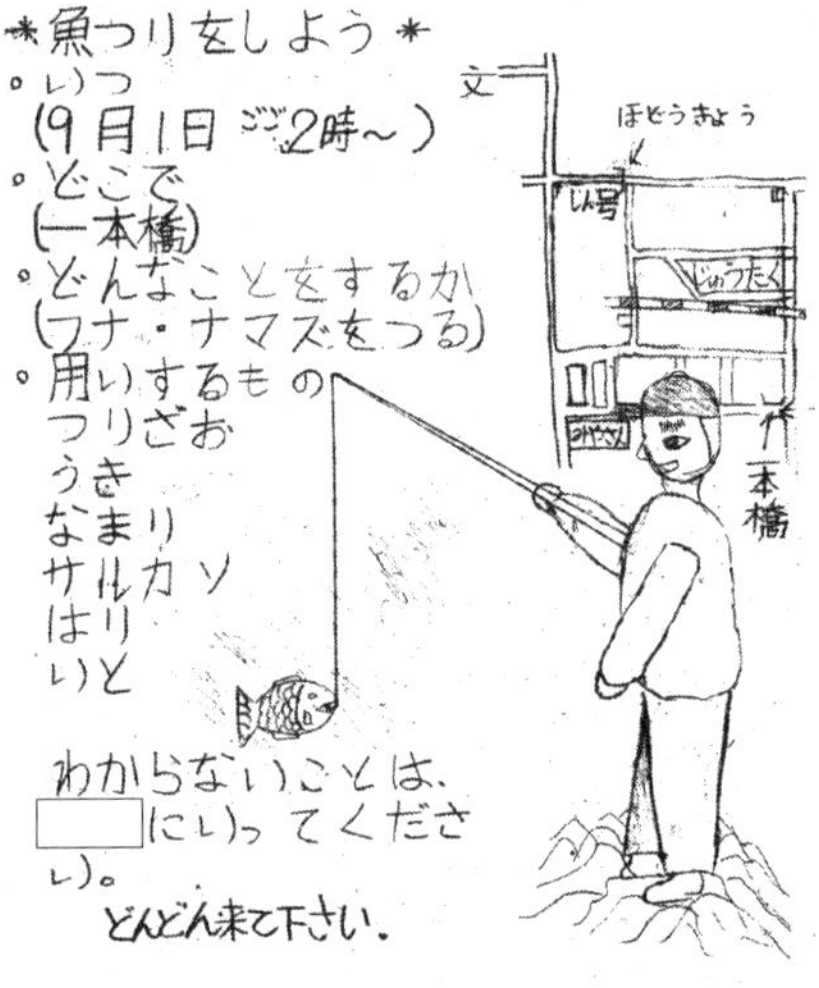

魚つりをしよう
いつ
(9月1日 ごご2時～)
どこで
(一本橋)
どんなことをするか
(フナ・ナマズをつる)
用いするもの
つりざお
うき
なまり
はり

わからないことは、
にいってください。
どんどん来て下さい。

九月三〇日には一三八人、一〇月一日には一八三人と教室の前の廊下に長蛇の列ができました。そこで、館長に就任した涼を中心に、たくさんの人に見てもらう工夫を始めました。涼たちが受付をして、教室へ入れる人数を調整しました。入るとシジミ、どぶ貝などの貝、ザリガニの赤ちゃん、バケツの中のサワガニなどがいて、それぞれについて係を決めて説明します。次の二つの水槽は駿の担当。最後の二つの水槽には、タナゴ、ギンブナ、キンブナ、ヘラブナ（ゲンゴロウブナ）、ムギツク、スジエビ、モロコなどがいて、この水槽の担当は涼や駿。休み時間では水族館に入りきれなかった子どもたちには、明日優先的に入れる整理券を配って「明日また来てね」と声をかけるといった具合でした。

「どうやってザリガニはうまれたの。ザリガニがぶくぶくであそんでいたよ。たのしそうだったよ。おおきくなってほしいよ。みせてくれてありがとう」

と一年生から手紙をもらったり、四年生からは

「六年生のお兄さん、お姉さん、水族館を見せてくれてありがとうございました。魚の住むところもわかったし、小さいザリガニの赤ちゃんも見られたし、エサもあげられてとてもうれしかったです。私たちもみんなに喜ばれるようなことをしたいと思います」

という手紙をもらったりしました。また、

「何回見ても飽きひんわ」

とのつぶやきに元気をもらっていました。

はじめは一班と五班が中心になって水族館を運営していましたが、入館者が増えるに従い、まさしく

資料②

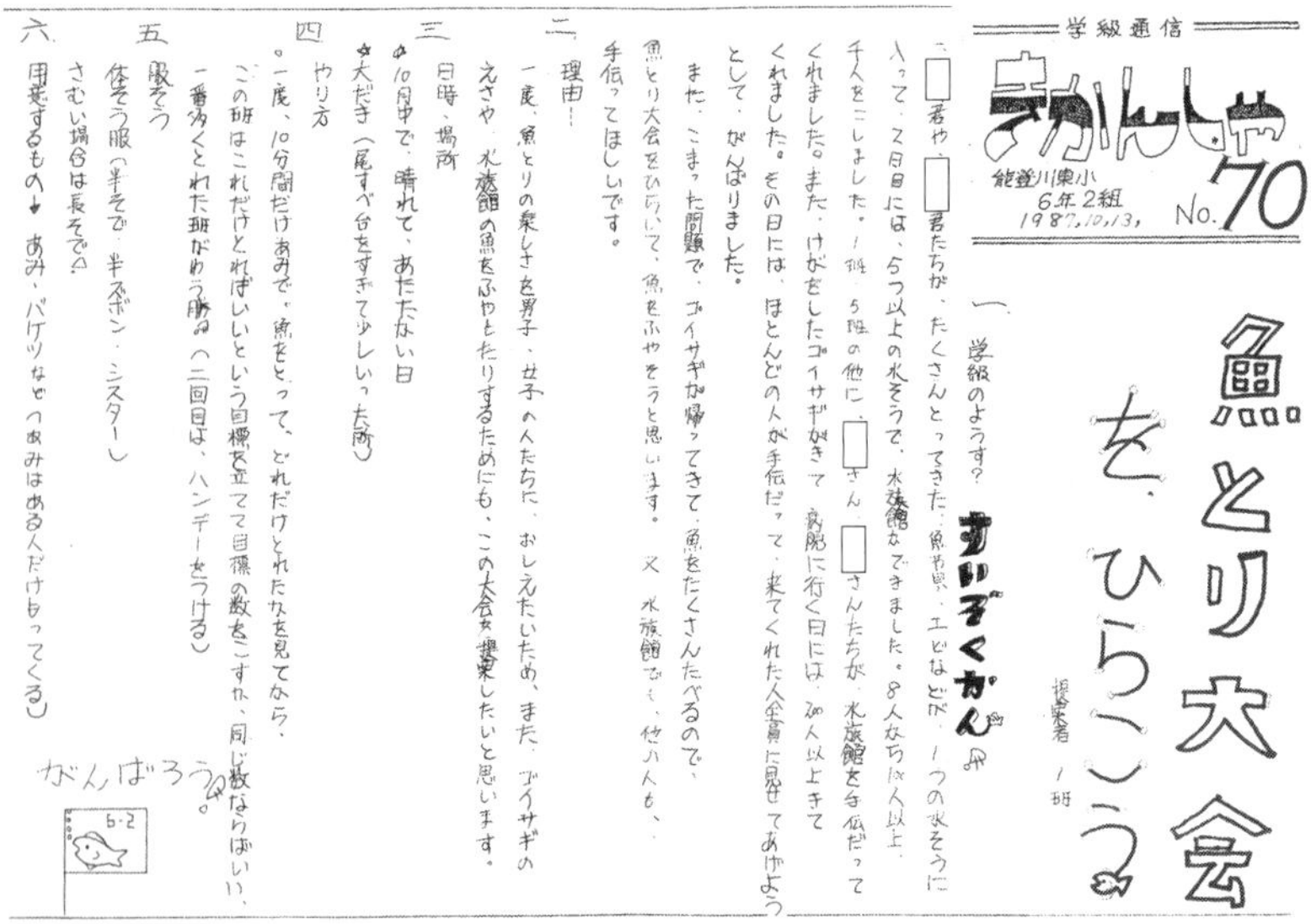

学級通信
まかんしゃ
能登川東小
6年2組
1987.10.13.
No.70
魚とりを大会をひらこう
提案者 1班
一、学級のようす？
すいぞくかん
□君や□君たちが、たくさんとってきた魚や貝、エビなどが、1つの水そうに入って、2日目には、5つ以上の水そうで、水族館ができました。8人ぐらいから人以上手入をこしました。1班、5班の他に、□さん、□さんたちが、水族館を手伝だってくれました。また、けがをしたゴイサギがきて、病院に行く日には、20人以上きてくれました。その日には、ほとんどの人が手伝だって、来てくれた人全員に見せてあげようとして、がんばりました。
また、こまった問題で、ゴイサギが帰ってきて、魚をたくさんたべるので、魚とり大会をひらいて、魚をふやそうと思います。又、水族館でも、他の人も、手伝ってほしいです。
二、理由…
一度、魚とりの楽しさを男子、女子の人たちに、おしえたいため、また、ゴイサギのえさや、水族館の魚をふやしたりするためにも、この大会を提案したいと思います。
三、日時、場所
✿10月中で、晴れて、あたたかい日
✿大だき（尾すべ台をすぎて少しいった所）
四、やり方
。一度、10分間だけあみで、魚をとって、どれだけとれたかを見てから、この班はこれだけとればいいという目標を立てて目標の数をこすか、同じ数ならばいい。
一番多くとれた班がゆう勝（二回目は、ハンデーをつける）
五、服そう
体そう服（半そで、半ズボン、シスターし
さむい場合は長そで）
六、用意するもの↓あみ、バケツなど（あみはある人だけもってくる）
がんばろう。

学級みんなでする仕事になっていきました。一〇月一三日の学級会では「魚とり大会をひらこう」という提案が出されました（資料②参照）。提案者は水族館運営の中心を担っている一班。提案の理由は、①魚取りの楽しさを教えたいから、②ゴイサギのエサの確保のため、③水族館の魚を増やすため、の三つ。ゴイサギは前回、魚取りに行ったときに、怪我をしていたのを発見し許可を得て保護していたものです。

そして、一〇月下旬、川での魚取り大会を実施しました。学級委員の開会宣言の次に涼がルールの説明を行い、大会は始まりました。ウナギや手長エビ、ドンコなどをつかまえることができ、学級の水槽の魚はまた増えました。しかし、一〇月二六日、ゴイサギが死んでしまいました。羽の怪我もだんだん治り、土曜日には涼たちがカエルやドジョウをえさにやっていた矢先でした。埋葬し、お墓を建てました。

その後も、水族館は株式会社として学級に存続することになりました。株式を発行し資金集めをするわけではありません。学級の有志活動へ移ったということです。二学期末から三学期にかけては「ソフトボール大会をしよう！」（四班）と「学級ソフトボール大会」（一・五班）が同時期に提案されたり、「卒業文集の取り組み」（学年代表委員）、「卒業に向けて新しい班を作ろう」（班長会）、「班対抗百人一首大会をしよう」（班長会）、「提出物の取り組みを明日までにやり切ろう」（班長会）、「班対抗新聞コンクール」（四班）、「個人別マンガ大会をしよう」（二班）、「班対抗しりとり歌合戦をしよう」（三班）、「五年四組への再挑戦に向けて」（班長会）、「将棋大会をしよう」（六班）などが次々に提案されたりしています。このように子どもたちの提案がずらりと並んだことと水族館の取り組みとは無関係ではありません。

一〇月一四日、「みみこ新聞社」が設立され、「大きな夢新聞」が発行されました。「大きな夢新聞」は、魚とり大会の討論の概要、音楽の取り組みの中での「僕が歌う時変な声を出したので、もう一度ちゃんと声を出したいので再挑戦したい」という涼の言葉などを伝えました。その後、「みみこ新聞社」は「大きな夢新聞社」に改組。見出しは「水族館観客一〇〇〇人突破」、「マラソン大会の目標達成」、「淳の隠されたやさしさ」、「新聞係はどちらの班に」、「悪いのはどちらか―『大きな夢新聞社』の主張―」などです。学級での出来事やもめごとの当事者をどのように見るかなどを精力的に報道しました。

この新聞の一号には新聞の名前の由来について「今、水族館で三郎君・涼君たちの小さな夢がかなってきたので、もっと大きな夢ということでつけました」とあります。つまり、この「大きな夢新聞」も二学期から三学期の提案の数々も、あんなふうに涼たちの夢が水族館の取り組みとしてかなうなら、こんなこともできるのではないかと、学級のみんなが自分の願いを実現させようとした証左として位置づくのではないかということです。

卒業を前に子どもたちが一人一枚ずつ書いた学級通信に、Tは以下のように書きました。

「涼君や三郎君が中心となって、水族館を始めました。涼君はKさんたちに助けられてやっていました。涼君は水族館をしてからいい人になったと思います」

その涼を助けたKの通信には「何よりもよかったのは水族館です。涼君がサッと取る魚が水槽五つに渡って一杯になりとても不思議でした」

と涼の持っている力に驚き、尊敬している言葉がありました。そして、それが涼の援助に結び付いていると言ってもいいのです。

涼は「忘れられない水族館・クラス・みんな」と題して

「僕は水族館をしていて、いいことと悪いことがあった。いいところは授業中発言ができるようになったし、みんなに魚の楽しさが分かったからよかった。悪いところは、自分のいやなことがあったらすぐやめるということです」

と記しています。

この水族館の実践は、個人指導と集団指導の統一的展開というものではないかと思います。涼は自分の得意な魚取りという活動を起点として、みんなに支えてもらいながら水族館の取り組みに発展させ、学級の中での居場所ができたようでした。そのことは自分の持っていた課題を乗り越える力を与えたのです。

第2項　三者協議会の取り組み

(i)　無気力な子どもたちを前に

一九九五年春、私は高学年付のフリーとなりました。六年生の実態は、学習・生活の両面にわたって無気力が目立ちました。子どもたちの意識を綴り方などで探ってみると「今のままの生活を続けて中学校へ行っても大丈夫だろうか」という漠然とした不安が子どもたちの中に漂っていました。そこで次の三つの方針を立てました。

①教師集団のやる気を示し前進的トーンをつくる
②生活と学習を高める取り組みで生活に張りをつくる
③卒業式を自分たちのものだと実感できるものにする

当初は特に方針②に重点を置いて取り組みました。生活では雑巾持参一〇〇％の取り組みから掃除に重点を置いて取り組みました。学習では朝自習で毎日一枚のプリントを仕上げることをベースにしながら、自由勉強の取り組みで六〇頁のノートを一冊仕上げる取り組みを提起しました。一〇月と二月の生活実態調査を比べると、家庭でのテレビ視聴三時間以上が六三・九％から五六％へ七・九ポイントも減りました。そして、家庭での学習時間も一時間から二時間が九・四％から四二％へ三二・六ポイントも増えました。

この取り組みを土台にして方針③の卒業式に取り組みました。自分たちが一からつくるということを実感できるように、今までの六年間の生活を振り返って各自で綴ることから始めました。そこに現れた感動的な場面を一つずつ、卒業生の呼びかけとして構成していきました。自分たちがつくる呼びかけ、自分たちがつくる歌、自分たちのとっておきのスライドなどでプログラムをつくっていきます。在校生も六年生との思い出を綴り、ひとつひとつ六年生の誰かの胸に響く呼びかけで応えます。このようにして取り組んだ時の子どもたちの顔はやる気に満ちていました。その子どもたちの様子は教師集団との信頼関係につながっていきました。

このような取り組みは、次年度にも引き継がれました。それがはっきりと表れたのがクラブ活動と運動会でした。クラブ活動は同好の活動だから、この指とまれ方式で作れるのではと私が教職員に提案しましたが、無数にできるクラブをどのように指導するかとか、同学年ばかりで作ってしまったらどうするかなどの問題に目途が立たず、実験的に一部この指とまれを導入するにとどまりました。この指とまれ方式で自由にクラブを作っていくイメージが子ども自身に描けずに終わってしまったようでした。

(ⅱ) 運動会のオープン種目に取り組もう

もう一つは運動会の取り組みです。運動会の練習の風景は保護者に見栄えのよいものにするために、炎天下、同じ練習を何回も繰り返したり、時には教師の大きな声が飛んだりしていました。子どもたちは運動会をどう考えているのでしょうか。子どもたちに「運動会と私」というテーマで綴ってもらうことにしました。ここに表明された子どもたちの思いを大切に、主な改革点を六点提案しました。

①見せる応援から日常応援に
②子どもたちが自主的に考えるオープン種目（子どもが作る種目の設定）
③体育的なねらいをはっきりさせて、それ以外については子どもたちの意見が十分に反映されるようにする
④得点制を復活させる
⑤徒競走では名前紹介をするなどして、子どもの顔の見える運動会にする
⑥子どもたちの思いを大切にした練習メニューを組む

この中で中心となったのがオープン種目の設定でした。この取り組みを通して子どもたちの学校参加の道筋を追求したいとも思いました。代表委員会の決定を受けて、オープン種目づくりがスタートしました。オープン種目は一三四人から五〇種目が発議されました。担当教員に計画を見せ、安全・衛生・予算の点をクリアしたものから模造紙に書いて貼り出しました。その時、同じような種目は発議者を寄

せて合同での発議を求めました。その中で一年生と五年生の共同発議の「ボール送り」は元気のよいアピールで子どもたちの関心を集めました。結局三五種目で一回目の募集をしました。

その結果、多数の応募者を集めた「つなひき」（五年）、「早飲み競争」（六年）、「ドッジボール」（三年）、「ボール送り」（一年と五年）が成立しました。また「借り物競争」や「障害走」を希望している子が一一一名もいたので、関係する発議者を集めて最大公約数を考えて「転んで借りてレース」（五年と六年）を作りました。先の四種目を合わせて全部で五種目のオープン種目ができ、二回目の募集をし、子どもたち全員の出場種目が決定しました。

次に発議者を集めて、運動会のプログラムに種目名を書き込むことを伝え、準備物と練習方法について計画を立てるように指導しました。自分たちでやりたいと計画した種目なので、どの種目も自分たちで種目に必要な準備物を用意し、所定の練習時間で自主的に練習をしました。「転んで借りてレース」では、練習の度ごとにカードに書く物や人についての要望を参加者に聞いていましたし、「ボール送り」では、練習をやる度にタイムが縮まる楽しさを味わったり、「ドッジボール」では、説明する三年生を見て五年生が「あいつらようやりよるやんけ」と言って感心する場面もありました。この取り組みを見ていた校長を「もうオープン種目だけで運動会やってもええなあ」と言わせるほど、子どもたちは生き生きとして取り組みました。

この運動会のオープン種目の成功は、一学期に取り組んだクラブ活動の「この指とまれ方式」に豊かなイメージを与えました。あのオープン種目のようにやればいいという考えはクラブづくりのハードルを下げたように思います。クラブを自分たちで作ることができるということが子どもたちに知らされると、四年生や五年生の中で「ミニ四駆クラブ」を作ろうとする動きが出てきました。特に四年生男子は盛り上がってきました。このような盛り上がりが出てくると、四年生女子も「手芸クラブ」を作ろうと動き出しました。ミニ四駆クラブの発議にあたり、私たち教師が不安に思っていたことがありました。

「ミニ四駆を持っていない人はどうするか」
「ミニ四駆を走らせるコースをどうするか」

クラブを発議した四年一〇人と五年二人は、ミニ四駆の貸し出しをすることや自分たちで段ボールでコースを作ることなどで具体的に不安に応え、クラブづくりへの夢を膨らませていきました。教師の側もこの子たちのやる気に任せてみることにしました。ここでもオープン種目と同じように、子どもたちが主体的になると大きなちからを出すことを実感しました。運動会でオープン種目ができず涙をのんだ六年生も「空手クラブ」を作りました。教師も「探検クラブ」を発議して成立させました。

(ⅲ) 三者の力で遊具づくりをしよう！

このように子どもたちの学校参加が進んできたので、これまでの学校づくりの総括を兼ねて「子どもの学校通信簿」に取り組むことにしました。子どもの学校通信簿は「一番うれしかったこと」「一番いやだったこと」「心に残る授業」などを記述式で聞くものでした。子どもたちが学校をどうとらえているかを見るためでした。子どもらしい意見表明がたくさん出てきました。その中に「校庭に遊具を増やしてほしい」というものがありました。毎年高学年になると中学校区で行われる陸上記録会に参加します。隣の大きな小学校へ自転車に乗って出かけて行ったりもします。運動場へ行くとザイルクライミングという大きな遊具が目に飛び込んできます。暇ができるとその遊具で遊びます。子どもたちは「なんで僕らの学校には、ああいう大きな遊具がないのか」と聞きます。きっとこんな思いが子どもの学校通信簿に寄せられたのでしょう。

そこで、PTAの力を借りることにしました。職員会では「保護者にも教師にもPTA活動の必要性を感じなくなっている現状を打開する道は、共に子どもたちに直接返る活動をするしかない」、と遊具づくりをPTAと共にする提案をしました。

PTAの役員総会では「子どもの権利条約」第五条を朗読しました。『教えてほしいこと、この条約の中にある〝やっていいこと〟を僕らがやるとき、お父さんやお母さん、それに代わる人は、僕らの能力に合わせて、それが伸びるように〝これはこうしたらいいよ〟って教えなきゃいけないし、教えていいんだ。そして、そのことを国は大事にしなきゃいけない』（アムネスティ日本ナショナル 子どもによる、子どものための子どもの権利条約より）に続いて、以下の六点を私から提案しました。

①子どもの権利条約の批准から三年たったこと

②子どもの権利条約を生かす学校をつくってきたこと（なかでも、運動会のオープン種目やクラブを子どもたちの発議制でつくることなどを具体例として紹介）

③その結果、子ども一人ひとりの存在が大きくなったこと
④今度は、子ども・保護者・教職員の共同で子どもたちの夢を実現させたい
⑤そのため、子ども・保護者・教職員が話し合う三者協議会をつくりたい
⑥この活動を中核にして、ＰＴＡ活動のスリム化を図ってはどうか

その後、開いた三者協議会で了承され、協議をしていくことになりました。

子どもたちは児童総会を開いて「遊具がたくさんあると楽しいと思いませんか」と呼びかけ、新しい遊具づくりの合意をとりつけました。そして早速、どんな遊具を作ってほしいかアンケートを実施しました。一八八通の絵入りの返事が返って来て児童会執行部を喜ばせました（資料③参照）。執行部はアンケート結果をもとに原案作りにとりかかりました。大人の力を借りて作るものとして「ローラー滑り台とつり橋の一体化したもの」と自分たちの力で作る「トンネルのある大きな山」と「タイヤトランポリン」の三つを代表委員会に提案しました（資料④参照）。

「運動場のどのあたりに作るか」

「遊具にこんな工夫をしてほしい」

「この遊具やったら自分たちで作れる」

「費用は？」

など夢を一杯広げながら、三つの遊具について合意をつくっていきました。三者協議会では子どもた

ちから代表委員会の決定が報告され、トンネル山とタイヤトランポリンはOK。ローラー滑り台とつり橋は縮小して作ることで合意しました。そしてPTAからも子どもたちに要求が出されました。①土運び、②芝生植え、③でき上がった遊具への名づけなどを共にすることでした。これらの要求は作業が進むにつれ具体化され、④つり橋づくり、⑤防腐剤ぬり、⑥タイヤトランポリンづくり、⑦遊具づくりの資金集め、⑧遊具づくりのPRなども加わりました。これらの仕事に対して、教職員も①全員参加の仕事、②学級立候補の仕事、③この指とまれの仕事、④PTA行事の一環としての親子作業、と四つの参加形態で取り組む方針を考えました。そして、三者の力を総動員して遊具が完成しました。つり橋に鈴なりになって喜ぶ子どもたちの姿がありました。

しかし、課題もありました。PTAから、休日に作業をやることや遊具製作にかかる費用などについて異論が出たのです。それは、三者協議の在り方に一つの原因があったと考えられます。また、子どもたちの要求を保護者も教職員もほぼ無条件で受け入れてしまうと、子どもたちが要求実現のために課題を解決する努力をしなくなるのです。家に帰って、子どもたちが保護者に「遊具をつくりたい」とさえ言ってないということです。このような課題が明らかになりながらも、子どもたちにとっては、自分たちの要求がみんなの力で実現していく貴重な体験です。この後もさまざまな場面で子どもの学校参加が実現していくようになるのです。

資料③

(1)平成9年7月18日 発行　　かめわり　　第73号

かめわり

発行所
近江八幡市立
武佐小学校
PTA広報部

子どもの夢を実現させよう！

〜子どもと保護者と教師のパートナーシップを大切に〜

先日、子どもたちは、児童総会で、たくさんの賛成意見で「自分たちの遊具を作ろう。」と決定しました。

児童会の子どもたちが「どんな遊具がほしいですか。」と全校のみんなに呼びかけました。すると、なんと一八八通の返事がかえってきました。まわりにある絵はそのほんの一部です。実に生き生きとそれぞれの思いが描かれています。

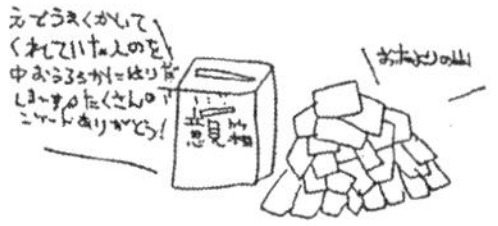

今年PTAでは、子どもの権利条約の生きる学校にしようと、子どもの願いの一つである「遊具づくり」を核にして活動を進めることを決定しました。子どもたちがまとめた案を子ども・親・教師で作る三者協議会で話し合います。

この遊具づくりの共同の中で、親子の対話が進み、子どもと親と教師がパートナーとして学校をつくっていけるといいですね。また、いろいろとご意見を聞かせて下さい。

（文責・研修担当　植田）

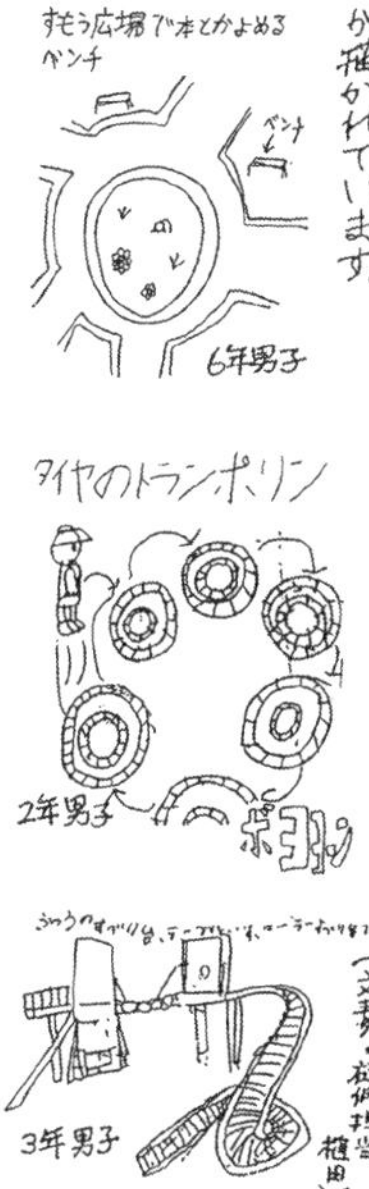

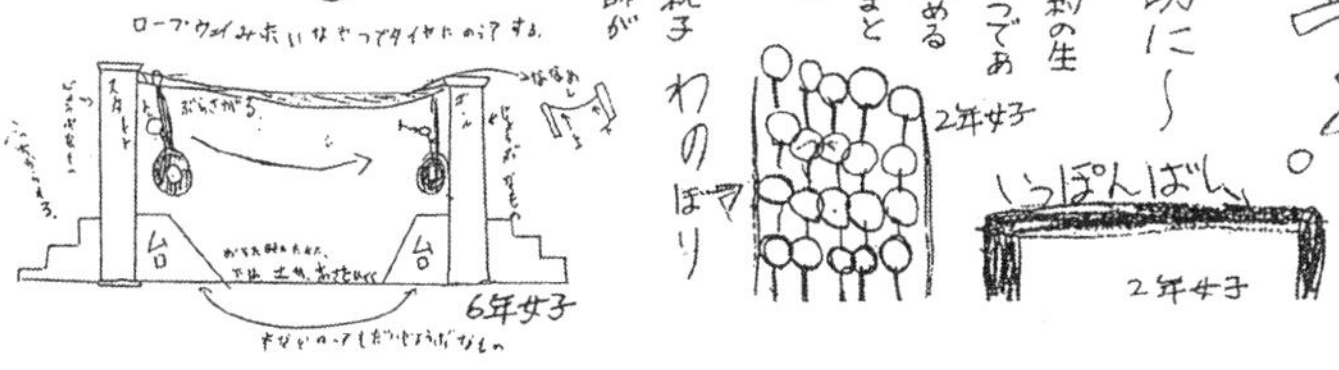

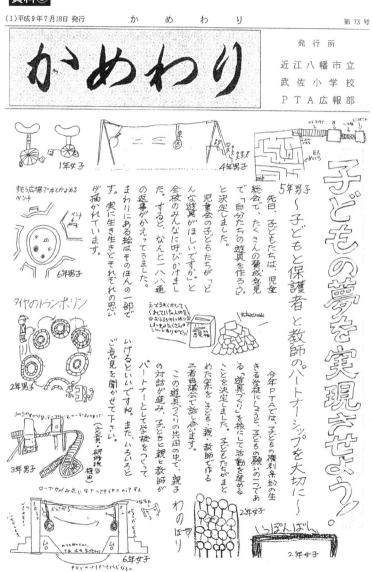

資料④

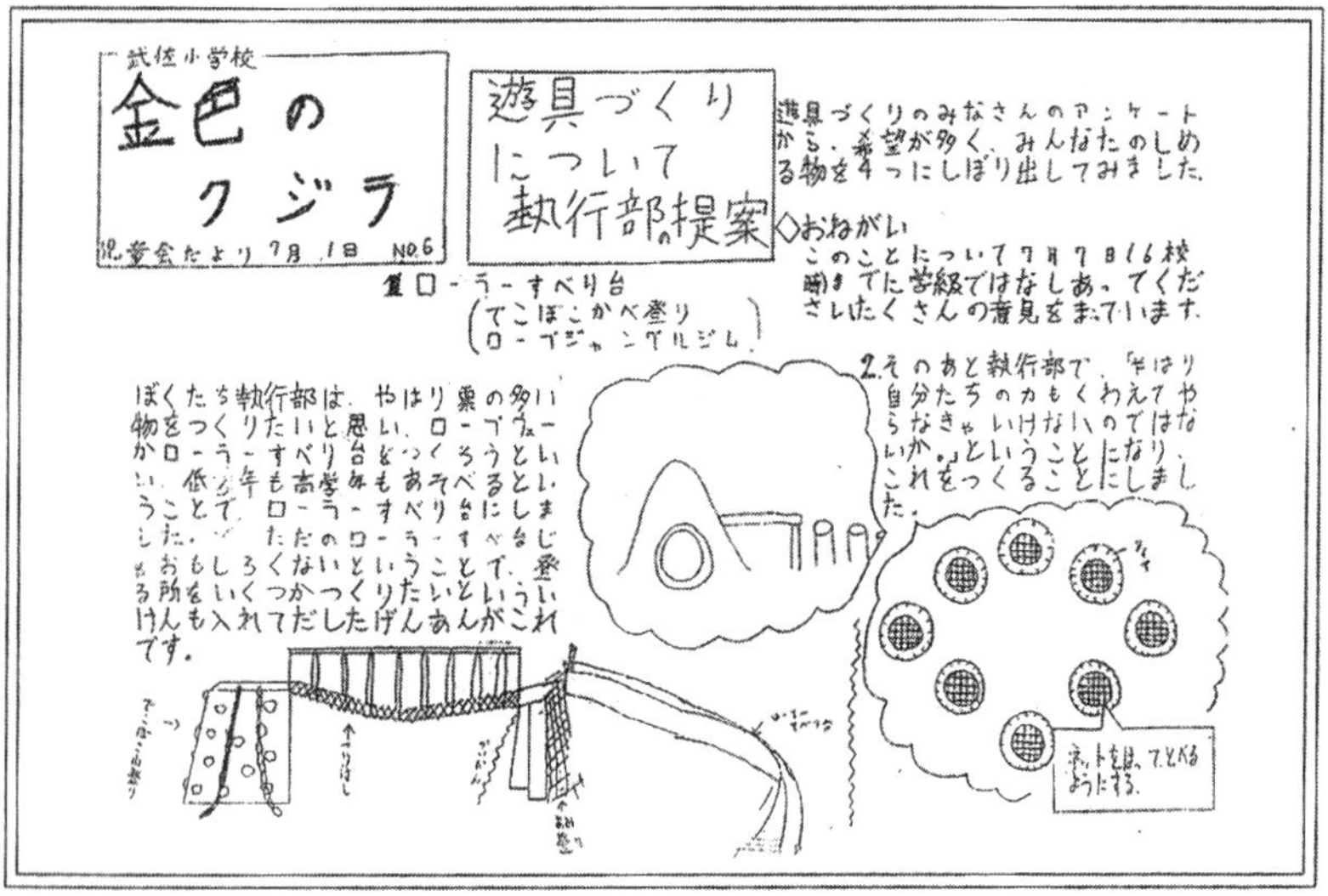
武佐小学校
金色のクジラ
児童会たより 7月1日 No.6

遊具づくりについて執行部の提案

遊具づくりのみなさんのアンケートから、希望が多く、みんなたのしめる物を4つにしぼり出してみました。

◇おねがい
このことについて7月7日16校時までに学級ではなしあってください。たくさんの意見をまっています。

1 ローラーすべり台
（でこぼこかべ登り
ロープジャングルジム）

2.そのあと執行部で、「やはり自分たちの力もくわえてやらなきゃいけないのではないか。」ということになり、これをつくることにしました。

ぼくたち執行部は、やはり票の多い物をつくりたいと思い、ロープウェーかローラーすべり台をつくろうといい、低学年も高学年もあそべるということで、ローラーすべり台にしました。ただのローラーすべり台じゃおもしろくないということで、登る所をいくつかつくりたいといういけんも入れてだしたげんあんがこれです。

ネットをはってとべるようにする。

注

(1) 第一次世界大戦の反省から国際連盟子どもの権利宣言（ジュネーブ宣言）が生まれた。しかし、その願いむなしく、第二次世界大戦が起こった。国連は一九四八年に世界人権宣言、一九五九年には子どもの権利宣言を採択した。この宣言には新たに健康に発達する権利などの四つの権利が加わった。その後三〇年たって一九八九年、子どもの権利条約が採択された。その意義は参加の権利が盛りこまれたこと。もうひとつは宣言ではなく条約という点で、批准すれば国内法などを条約の精神に沿って整えることが求められる点。日本でも批准され一九九四年五月に発効している。

第2章

行事の創造と児童総会の創設

―島小に赴任して―

ボイス＆サウンドフェスタ 21 の看板

第1節　誰が決めているのか

一九五八年の指導要領の改訂で学校行事が新設されて以来、行事は学校のものとして子どもたちから遠ざけられてきました。現場では児童会活動でさえ、子どもたちのものでなくなってきています。役員選挙もなく、活動の中身そのものがどこで決定されたか分からない事態に陥っています。私が赴任した当時の島小学校も児童会活動はされているが、代表委員会が開かれた形跡がありません。六年の担任が学級の子どもたちを動かしてやっているだけという実態が浮かび上がってきました。その実態は、子どもたちの現実を考えれば無理のないことでもありました。子どもたちは多くの場合、代表委員になりたがりません。休み時間がなくなるからです。代表委員会が開かれるのは休み時間か放課後。提案されたものを、話もろくに聞いてくれない学級へ持ち帰って説明し、学級の案をまとめて再び休み時間に開かれる代表委員会に参加します。他の友だちは遊んでいるのに自分は遊べないということが目に見えているのです。よほど自分の夢がかなう見通しでもなければ積極的に引き受けることはないでしょう。現場で子どもたちの間接民主制は疲弊していると言っても過言ではないのです。

第2節　間接民主制から直接民主制へ　―児童総会の創設―

そこで二〇〇〇年、小規模校のよさを生かして、みんなが集まって決める児童総会を創設しました。

はじめは行事の決定です。児童会執行部の子どもたちが一から考えた行事の原案を一年生から六年生までの子どもたちが集まって、言葉の意味の質問から修正案の提案まで、いろいろな意見を出し合いながら決めていくのです。

子どもたちには、児童総会をやる意義について次のように語りました。

これから、六年生を送る会について話し合いますが、話し合う前にみんなに話したいことが二つあります。一つ目は、この間やったカルタ大会。どこでどう決まって、しようということになったか知っていますか？　知らないでしょう。ここにいる運営委員の人たち（児童会執行部のこと）が一生懸命に計画してくれたのです。しかし、例えば「カルタ大会をやめよう」という意見も「ここはこうしてほしい」という意見も言えなかったでしょう。そこで、みんなが意見を言える場を作って、みんなで決めてみんなで実行しようと考えたのです。こういう集会のことを「児童総会」というのです。二つ目は、運営委員の人が六年生を送る会のことを三回も遅くまで残って一生懸命話し合ったということです。その運営委員に負けないぐらい話し合って欲しいということです。

ちょうど新教育課程への移行が始まり、行事の再編も課題になっていたので、それに後押しされる形で進めることができました。児童総会をやると、学級へ持ち帰ってもう一度話し合わなくていいとか、低学年は言葉の意味を質問をするし、高学年は修正案を出すし討議が様々にされて盛り上がるとか、行事に向けての意思統一が容易にできるとか、よい面が様々に見えてくるようになりました。この段階で間接民主制に変わって直接民主制を導入したのです。

この児童総会を経ていくつもの行事が子どもの手によって作られます。そのいくつかを紹介します。

第3節　子どもが一から作る行事

第1項　VOICE&SOUNDフェスタ21

(i) 21にこめられたものは

新教育課程への移行は行事の再編を迫りました。（以下、Tは植田、Cは子どもたちを指す）

T　春に実施していた『朗読発表会』と秋の『音楽会』を統合しようということになりました。児童会執行部の皆さん、二つの行事を一緒にしてどんな行事を作ったらいいでしょう

と言って、二つの行事の趣旨を説明し、黒板に「声」と「音」と大きく板書しました。

T　この二つの文字はヒントになるね

C　声って英語で何て言うの？

T　VOICE

C　音って英語で何ていうの？
C　SOUND
C　そしたら、VOICE&SOUNDフェスタ
C　いいなー
C　VOICE&SOUNDフェスタ21がいい
C　21って？
C　21世紀のこと。この新しく作った行事が一〇〇年続くようにつけたい

こんな児童会執行部との話し合いの中で新しい行事の集会名が生まれ、この行事での各学年の発表は国語的表現（VOICE）と音楽的表現（SOUND）を含んでいるものにすることになりました。オープニングの群読、全校の歌、音に関するゲームなど多彩なプログラムも計画されました。児童総会ではこの原案の提案を受けて、全校の歌はどうやって決めるのかオープニングの群読は誰がやるのかなどの質問がありました。そして、集会名の由来を尋ねられると「21とつけたのはこの集会が一〇〇年続いてほしいという願いからです」と得意げに応えていました。その姿には、この企画は自分たちで一から作ったという誇りのようなものを感じました。その後も、毎年、その年の運営委員の子どもたちとVOICE&SOUNDフェスタ21の内容を考えます。その中から翌年には「自由ステージ」が生まれます（資料⑤参照）。

⑥役割分担

(1)運営委員が中心《ちゅうしん》に取《と》り組む仕事。

①オープニングで群議《ぐんぎ》をします(山形、前田)

。群議を一緒にしようと思う人を募集します。

②イントロクイズを考《かんが》えます。(後藤、東門野)

③自由ステージ
歌や合奏のすきな人《ひと》のために自由にチームを作ってすきな歌や曲を演奏《えんそう》する自由ステージを作ります。どんどんおうぼして下さい。レやSに関係することならなんでもOKです。(CMソングお笑いなど)(山形、前田)

④(エンディングの合奏)今年は音楽係《おんがくがかり》でやってもらいます。(音楽係ができない場合は、かんがえます。)(音楽係)

⑤今年は新しく大声《おおごえ》コンテストをします。大声コンテストとはみんながどれぐらい大《おお》きな声をだせるかをきそうきかくです。先生でもOK!おうぼ者がなければやめます。)(関目)

⑥司会《しかい》(森《もり》・後藤《ごとう》)

⑦みんなの歌《うた》(できるだけ全校《ぜんこう》がステージにのれるようにします)(田畑《たばた》・西居)

⑧詩・俳句グランプリも、学年といっしょにします(西川・新堂)

⑨始めの言葉(関目《せきめ》)

⑩終わりの言葉(森《もり》)

(2)学年の役割分担

2年	ようちえんにおくる招たい状(メリー島)
3年	地いきにおくる招たい状
4年	会場かざり
5年	沖島《おきしま》の招たい状 プログラム
6年	ステージ看板《かんばん》

7.会場図

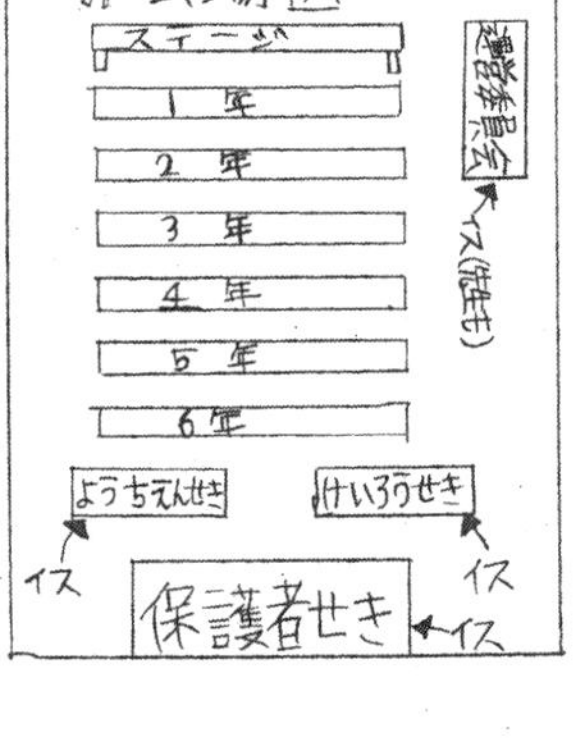

資料⑤

ボイス&サウンドフェスタ21

128人《にん》の声《こえ》を合《あ》わせ♪
ハーモニーをひびかせ
楽《たの》しく交流《こうりゅう》しよう。

2007年
5月14日(月) 提案者 運営委員会　6年 森 ともか、せきめ みのる、田畑 みなみ にしい いちえ、5年 しんどう あいか、西川 かよ、ごとう ゆきひろ、前出 こうき 4年 山形 りゅうのすけ、大門野 かこ、大東 もえ

1 日時《たちじ》　2007年《ねん》6月《がつ》6日《にち》(水《すい》)
　2時間目《じかんめ》〜3時間目《じかんめ》まで

2 会場《かいじょう》　体育館《たいいくかん》

3 めあて
①大《おお》きな声を出し表現《ひょうげん》を工夫《くふう》しよう
②ハーモニーをきれいに合《あ》わせてひびかせよう
③楽《たの》しく勉強《べんきょう》しながら交流《こうりゅう》しよう

4 プログラム
(1) オープニング群読《ぐんどく》
(2) はじめの言葉《ことば》(関目《せきめ》 みのる)
(3) 校長先生の話
(4) 全校の歌《うた》
(5) 3年生の発表《はっぴょう》
(6) 2年生の発表《はっぴょう》
(7) 大声《おおごえ》コンテスト
(8) 1年生の発表《はっぴょう》
(9) イントロクイズ
(10) 休《きゅう》けい (10分《ぷん》)
(11) 詩《し》、俳句《はいく》グランプリ
(12) 自由《じゆう》ステージ
(13) 4年生《ねんせい》の発表《はっぴょう》
(14) 5年生《ねんせい》の発表《はっぴょう》
(15) 6年生《ねんせい》の発表《はっぴょう》
(16) 講評
(17) エンディング (音楽係)
(18) 終わりの言葉《ことば》 (森《もり》 智香《ともか》)

司会《しかい》
6年 森《もり》 智香《ともか》
5年 後藤《ごとう》 喜寛《ゆきひろ》

♪ 学年《がくねん》の出《だ》し物《もの》は、7分以内《ぷんいない》でお願《ねが》いしますm(_ _)m
※7分《ぷん》より短《みじか》くてもいいですが、長《なが》いのは、いけません。

5 約束《やくそく》
(1) 学年《がくねん》の出《だ》し物《もの》は、他《ほか》の学年《がくねん》と重《かさ》ならないようにする。
(2) 学年《がくねん》の出《だ》し物《もの》には、ぶ《ぶ》りもえ《えす》も入れる。
(3) 休《きゅう》けい時間《じかん》は10分《ぷん》なのでトイレに行ったらさわがずに静《しず》かにしてください。
休《きゅう》けいが終《お》わるまでにはすわっておきましょう。

(ii) 自由ステージが産み出したもの

一年生の顕太郎はASD(自閉スペクトラム症)、顕ちゃんは明るく誰にでも話しかけるため、休み時間にはたくさんの子どもたちが教室に遊びに来ていました。そこに来ていた五年生の哲平は大型積み木を使い、いくつもの遊びを提供し、顕太郎や低学年の子どもたちを率いて遊ぶようになりました。また、五年生の修太は「顕ちゃん」と教室に入ってきては口笛を吹いていました。そんな毎日が続いたある日、顕太郎は修太の口笛「ホーホケキョ」に興味を示し、「修太君、ホーホケキョ吹いて」とせがむようになりました。自分もまねして口をとがらせますが、うまくいきません。しかし、何度も吹いてくれる修太の口笛を聞いては、うれしそうに手を叩いて喜んでいました。三日後、顕太郎が登校するなり担任に「ホーホケキョ」と口笛を吹いて聞かせてくれました。「すごーい!」と拍手すると、大喜びで何度も繰り返していました。そして、遊びに来た修太にさっそく口笛を披露しました。修太からも大きな拍手をもらい、チャイムが鳴るまで二人の「ホーホケキョ」が続きました。

次の年、V&Sフェスタ21に向けての児童総会が開かれました。自由ステージの話し合いになったとき「口笛」が担任の頭をよぎりました。

「よし、顕太郎を自由ステージに出演させてみよう。六年になった修太と一緒ならできるだろう。しかし、二人では寂しいな」

と教室へ向かっていると哲平を発見。さっそく交渉してみると「うんいいで」と快諾。修太からは二

～三日考えた末、ＯＫをもらうことができました。お母さんも出演することを快諾してくださいました。

いよいよ練習開始。曲目を三人と担任で相談し、「ホーホケキョ」と「チューリップ」「子犬のビンゴ」を吹くことにしました。毎日、中休みに三人の練習が始まりました。わずか二分足らずの発表ですが顕太郎が不安がらないよう、本番と同じようにセリフも交えながら練習しました。本番一週間前にはステージで練習しました。修太と哲平は毎日練習に来てくれたので、顕太郎は全ての流れを理解することができました。当日、ステージに上がり、三人並んで発表が始まりました。二人のお兄さんに囲まれ、顕太郎はマイクに口をくっつけるようにして頑張って発表しました。そして、最後に
「ぼくは哲平君と修太君に口笛を教えてもらいました。ありがとう」

と顕太郎が感謝の言葉を言うと、会場からは大きな拍手がおこり、退場する三人はとても満足気でした。

顕太郎のお母さんは連絡帳に書いてくれました。

「自由ステージではマイクに身を乗り出して、頑張って挨拶もきちんと大きな声ですることができ満足いくものでした。保護者席の方でも感動してくれるお母さんもいて、とてもうれしかったです。Ｖ＆Ｓフェスタ21うまくいって頑張れて本当に良かったです。来年も何かステージで発表できるといいなと思います」

その後も顕太郎は毎年自由ステージに出演しています。この自由ステージは他にも、落語、漫才、コント、教師の有志による歌など様々な表現の場になっていきました。

コラム① 「自由ステージこそが自信を持って生きていく上でのはじめの一歩だ」 谷 由紀子

顕太郎は生まれ持って発達障害があります。親としてその診断を出された時は、前を向けないくらいの感情（思い）がありました。そんな不安な気持ちの中、地域の島小学校へ入学。しかしそこで見た景色は私たち親子にとってとても温かなものでした。

当時を振り返ってみることにします。

ぴかぴかの一年生、はばたき学級の担任の先生には生活の基本となる事や、人に対するマナーや笑顔などマンツーマンで丁寧にご指導頂きました。顕太郎にとってとても安心できる場所でした。そんな中でV&Sフェスタの自由ステージで発表する事になり、正直、うちの子が？　となったのを覚えています。本番ステージで高学年のお友だちと頑張って口笛を披露している姿は、今でも思い出すと涙が出そうになります。

その時は「この学校へ入学できてよかったな…島でよかった…」と心から思い、そこには当時高学年担任の先生の熱心なご指導、一緒にステージ発表してくれたお友だちの温かく強いお気持ち、親御さんのご理解があったおかげだと思っています。障害に対する理解が伝わるような場を作って頂いた事、本当に有り難く今も心に残っています。

中学年になり同じステージで今度は一人でエーデルワイスを熱唱する事ができました。高学年では毎朝、登校してマラソンで体を鍛え自転車に乗れるようにもなりました。当時の担任の先生は更に顕太郎の良い部分を見つけて伸ばし、自信をつけ輝かせてくださいました。

その後の進路は、地域から離れた養護学校へ行きましたが新しい環境で落ちつかず、しばらく辛い日々もありました。中学から六年間通いましたが、高校最後のステージ発表で、学校の先生方のモノマネを披露しました。大きな拍手を沢山の方から頂き、その時の自信に満ちた表情はまさに、あの頃と同じ顕太郎でした。島で経験したV＆Sフェスタの自由ステージこそが自信を持って生きていく上でのはじめの一歩だと気づきました。

今現在は卒業し成人を迎え、地域の作業所で毎日元気にお仕事してます。小学校に入ってから作業所に通所してる今もなお続いてることがあります。それは先生と連絡帳でのやり取りです。今で言うと職員さんになるのですが、普段の何気ない事から今、感じてる事など、どんな小さなやり取りでも毎日続けています。私が大切な事だと思うのは、親が先生とコミニュケーションをはかり信頼関係を築く事だと思っています。顕太郎にとって今があるのは、この島という地域の中で熱心な先生方、温かい方々に恵まれたからです。感謝の気持ちでいっぱいです。これからも感謝の気持ちを忘れずに、日々一歩一歩前を向いて歩んでいきます。

最後になりましたがこの先も、地域の発展と島小学校が人と人との繋がりを大切にし、一人ぼっちをつくらない、温かで誰もが居心地の良い場所だと感じられるような素晴らしい小学校である事、心より願っております。

第2項 子ども祭り

(i) 子どもたちの思いを大切に

島小では子どもたちがはじめから学校行事をつくるようになってきました。その代表的なものは、毎年秋に開催している子ども祭りです。子ども祭りには四種類の店が出せます。学級のお店、有志のお店、みんなのためにするお店、そして、保護者や地域の人たちの出すお店です。学級のお店は総合学習の発表の場として位置づけ、有志のお店は子どもたちの仲間づくりの場として位置づけています。この有志のお店は四人以上一〇人以下で自主的に集まって、出店計画を立て、審査をパスすれば出せるという仕組みです。毎年、運営委員会(児童会執行部)がつくった子ども祭りの原案を児童総会に提案して、みんなで決めて実行します。この年も三三もの出店がありました。中でも注目を集めたのは、五年生女子が中心になって、食べ物の店を出すために、春から研究し、ニンジンの種を蒔いて育て、収穫して、そのニンジンをすりおろしてクッキーとして焼き上げたのです。店の名は「キャロッツ」。大繁盛でした。

そして、普段は目立たない六年生の男子四人組には、こちらから働きかけ、お店作りの援助をしました。七月、校庭にある山桃が甘いいい匂いを漂わせる頃、プール帰りの子どもたちに「この実、ジャムにせえへんか」と呼びかけました。乗り気になった四人と木の実とりをし、集めた実に砂糖をかけて、実から果汁が出てくるのを待って加熱。そうすると、出るわ出るわ、その実から白い虫がたくさん出てきました。五人で思わず「わあ!」とびっくりしながら、

「こんなに虫が出て来て大丈夫かなぁ」

「虫が食べているということは大丈夫やろ」

「これだけ加熱したら大丈夫」

といろいろ相談しながら、虫を取り出して、さらに過熱して、山桃ジャムは完成しました。五人で食べてみて、学級のみんなにも食べてもらい、各自家に持ち帰りました。こんな取り組みをすると、私とこの四人の子どもたちとの間に共通の「秘密」ができます。この「秘密」を足掛かりに、一一月の子ども祭りにジャムにできるものを地域で探しました。そして、島特産の「むべ」に目をつけ、「むべジャム」の店を出しました。クラスの中で四人が生き生きしてきました。

(ii) 原案制作過程で

この年の子どもたちも一から子ども祭りを考えました。もちろん、先輩が計画し実行した前年度の子ども祭りを念頭に置きながら。

T　今年はどんな子ども祭りにしたい？
C　楽しい子ども祭りにしたい
C　お店がいっぱい出ると楽しいな
C　全員がお店を作るというルールを作ったらいい

T 「全員お店を出しなさい」って言われて楽しいか？
C 強制的みたいで楽しくないなあ
T 全員がお店を出すことを原案に盛り込みますか？
C 盛り込まなくていい
T 他に意見はありませんか
C お店にたくさんお客さんが来てくれたらうれしいなあ
C そしたら、お店にお客さんがぎょうさん来る仕組みを作ったらどうやろ
C それええなあ
C お客さんがたくさん来ると、ものもたくさん売れるし、お店を出している方も楽しいなあ
C お店に行って買い物するとスタンプがもらえるというのはどうやろ
C そしたら、スタンプカード作ろ。お店で買い物するとスタンプがもらえるというふうにしよう
C カードにスタンプがたまったら有志の店で使える券がもらえるようにしたら、スタンプ押してほしいと思うで
T じゃあ、スタンプカードの仕組みを入れることにしようか。もう他にないか
C もっとお客さん増やしたい
C どうすれば増える？
C なんかええ手ないかな

C　校区の入り口。渡会橋のたもと（県道沿い）に子ども祭りの看板出そう
C　そうしたら、校区外の人にも子ども祭りを知らせることができる
C　コンビニにも看板置いてもらおう
C　これで島の祭りから滋賀の祭りになるなあ

ここで話し合った二つのことは、子ども祭りの原案に書き込まれることになりました。

(iii) 教科の学習と原案づくりをつなげる

子どもが一から行事をつくりだすにはそれなりの援助が必要です。そこで、六年生の国語教材の中でその援助を試みました。ここで活用したのは「未来社会を考える」というパネルディスカッションの教材でした。この単元のねらいは「言葉の力で新しい考えを生み出そう」というものだったので「今年の子ども祭りで○○しよう！」というテーマでパネルディスカッションをしてみました。そうすると、自由ステージをしたいとか、お店を全部運動場に出してみたいとか、スタンプラリーがしたいとか、サービスカウンターをつくりたいとか多様な意見が出てきました。

この国語の授業の余韻を残したまま六年生の運営委員は、子ども祭りの原案づくりの場へ行きます。そうすると他の学年と全然雰囲気が違って、次から次へとアイデアが浮かんできます。「六年生はすごいなあ」と四年生も五年生も感心している中でパッパッパッと原案ができていきます。そして、元々

あった給食を提供する「パン屋」や現金を扱う学級の店のための「両替屋」、お客さんの案内などの「サービスカウンター」、各お店の注文を受けて宣伝のチラシをつくる「チラシ屋」（資料⑥参照）などの「みんなのためにする店」が誕生しました。

(iv) 学級の総合学習の発表の場として

私は六年生の担任として、この学年で総合化できるところはどこかと悩んだこともありました。五年生の時に味噌を仕込んだり、小麦を植えたりしたので、それらを利用して家庭科の発展としての総合学習がつくれます。しかし、それでは昨年度頼みで、味噌の場合などはその学習は五年の段階でそのほとんどを終えています。ですから、この四月からの教科の学習と関連付けて総合学習の計画を立てることにしました。

そこで注目したのが縄文時代の暮らしでした。六月には図工で野焼きをして縄文土器を作りました。地域には自然がいっぱいでドングリもいっぱい落ちていました。縄文人になったつもりでドングリが人の口に入るまでを追究する中で、縄文人の知恵に出逢えないかと考えました。「縄文人のグルメ生活」を発信し有名になった県内の粟津湖底遺跡に注目し、その遺跡を専門的に調査した学芸員を招き講演してもらいました。その学習の中で、子どもたちが今まで一番たくさん採取したクヌギが、一番食べにくいドングリだということや、一番食べやすいのはシイ類でそのまま食べられるということを知りました。しかし、とても大きい実のクヌギ。縄文人は何とか食べたいと思ったに違いありません。そんな想像を

資料⑥

子ども祭（みんなのためにする店）

チラシ屋（ちらしや）

もうすぐ子ども祭ですね。今年の子ども祭は、新しいみんなのためにする店がありますね。その中でチラシ屋があります。チラシ屋は子ども祭の店のチラシを書いてせんでんします。そこで！チラシを書いてほしいという店をぼしゅうします。書いてほしい店は、下のおうぼ用紙に書いてわたしてください。有志の店、学級の店、どちらもOKです！しめきりは、11月13日（月）です。

6年、山本さえ、小西ちなみ、西倉かな にわたしてね。

きーりーとーり

・店の名前

【　　　　】

・店の場所《ばしょ》

晴れ【　　】

雨【　　】

・店の種類（□に○をかいてください。）

学級の店□

有志の店□

委員会の店□

・店の内容（何をするか、あそびの店か食べものの店かなど）

・店のメンバー（みんな書いてください。）

	名前		名前
1		5	
2		6	
3		7	
4		8	

・店の工夫を書いてほしい事、アピールなど

・画用紙に書くか、紙に書くか、どちらがいいですか？

働かせながら調べていくと、クヌギを食べるためには灰で煮て渋をぬけばよいということがわかりました。灰はアルカリ性で渋は酸性で中和させるのだといいます。よく考えると、煮るためには土器が必要になります。理科や社会や図工の授業がつながり始めました。

そして、実際にドングリ料理に挑戦しました。クヌギを天日に干して、ゾウムシを追い出し、固い皮を金槌でたたいて割って、鍋に野焼きの時に作っておいた藁灰を入れて煮ました。そして、それをミキサーで粉にしました。その後、各班でアイディアを出し合って、数日後ドングリ料理に挑戦しました。一班はドングリの天ぷら、二班はドングリのグラタン、三班はドングリのスイートポテト、四班はドングリの焼き餃子と蒸し餃子、五班はドングリのお好み焼きと多種多様なものができ上がりました。ドングリという食材を前に、焼く、蒸す、揚げる、煮るなどの様々な料理の方法が展開され、まさしく家庭科発展の総合学習にもなっていました。しかし、ここで一つの問題が発生しました。

保護者　ドングリって、食べると……吃音になるんやろ
保護者　ドングリなんか食べへんで
という保護者の皆さんの中での話も子どもたちに伝わってきます。
C　どうする？　ドングリについての変な噂が出てるで
C　ドングリで店出しても、注文してくれへんで
C　でも、今まで縄文人のくらしということで研究してきたしなあ

C　総合学習やしなあ。どうする？
C　もし、ドングリ料理やめるとしたら、僕らに今何がある？
C　学級園で作ったサツマイモ
C　それは、確かに使えるなあ
C　もうないか
C　あ！　味噌があるやん。五年生の時作ったやん
C　そや、忘れてた
C　味噌は総合学習で作ったから、バッチリやな
C　サツマイモと味噌。何ができる？
C　さつま汁ができるわ
C　それは、ええなあ
C　お店で出すものはそれでいいとして、今までのドングリ・縄文研究はどうする？
C　それぞれの班で料理までやって取り組んだのに、このまま終わるのはもったいないなあ
C　今までの研究をブックレットにして、お店に来た人に配って読んでもらうっていうのはどうや
C　それええなあ
C　そしたら、ドングリクッキー作って、縄文人の食生活を再現する
C　商品としてドングリクッキーを出すのはあかんけど、希望者に試食してもらうというのやったら

いいやろ

C　賛成や。ドングリについてる迷信も間違いやってはっきりするなあ

こんな討議の結果、採取したドングリの名前を書いて展示し、ドングリクッキーを焼いて試食してもらい、ブックレット「ドン爺のドングリの秘密」を来店された方々に配って総合学習としての意味を伝えることになりました。

（v）八ちゃんのポン菓子屋が示すもの

子ども祭りが回を重ねると、子どもが一から手作りする行事の良さがにじみ出てきました。それを端的に表したのが養護教諭の中村先生が教職員向けに発行している「元気通信―めっちゃマル秘　放課後のおともに―」に掲載された子ども祭りに関する二つの記事です。

「ポン菓子屋。本職顔負けの手つきで貫録たっぷりの八田翔平さん。そのかたわらに、これまた、二年とは思えない、将来は島小の大将ともいうべき杉原竜希さんの二人のやり取り。

翔平　来年から頼むぞ！

竜希　分かってる！」

思わず拍手。

「おふざけ屋敷。六年の宮尾郁弥さんが四年のAさんを一喝。昼休みは準備の時間なのに遊びに行こうとするAさんに言い聞かすように

郁弥　あんな。遊びたいのはお前だけちゃうねん、僕も遊びたい。でもな、今やらなあかんねんぞ。

A　…

無言で郁弥君の後をついていくAさん」これまた、思わず拍手。

以上、実に生き生きとした異年齢の子ども関係がそこにあります。子ども祭りの一コマの何気ない子どもたちのやりとりに聞き耳を立てる中村先生も素晴らしいですが、こんな子どもたちの関係を作っていく子ども祭りの仕組みもすごい。

コラム②「竜希やっぱたいしたやつやな」　八田翔平

まず、はじめに島小学校子ども祭りについて。子ども祭りでの出店は生徒である自分たちが主体となって決めていきます。地元の産物や日頃お世話になっている学校近隣の方を招待して恩返しをする場とも今では思うことができます。そんなすばらしい子ども祭りで小学校五年生のときに「ポ

ン菓子」のお店を出したいと考えました。正確には覚えていませんが、地元にあるポン菓子屋さんに見学にいったことがポン菓子のお店を出したいと考えたことの始まりだったと思います。

クラスの話し合いでまず意見を出しあい、その中でポン菓子屋をしたいと意見を出しました。そして数回の話し合いでポン菓子屋をすることに決まりました。店名は「ぱぴぷぺぽん菓子」。店名を提案したのは私です。そのこともあり、私はポン菓子屋さんに愛着が湧いたのかもしれません。

初めは自分たちはポン菓子を作る工程やどのような機械を使用するかもわかりませんでした。そこで地元のポン菓子づくりをしておられるところへポン菓子づくりの方法を学びに行きました。地元との密着に関しては島小学校ならではの取り組みなのかもしれません。地元がせまいからこそできることなのかもしれません。地元のポン菓子を作っておられるところにお伺いをし、初めてポン菓子を作る機械に触れました。爆発するようにでてくるポン菓子の感覚や爆発の衝撃は今でも思い出します。ポン菓子を機械で作る人、味付けをする人、看板を作る人とそれぞれ役割を自分たちで決めてお店づくりをしていきました。そして当日には地元でお世話になっている方々を招待し、ポン菓子の実演販売なども行いながら大繁盛したことを思い出します。そして、機械でポン菓子を作ることや実演販売が楽しく、来年もポン菓子屋さんをしたいと思うようになりました。

小学校六年生になり、その年もお店を開くことになりました。今回はクラスでポン菓子屋さんを開くのではなく、個人で開くことに決めました。店名には自分の名前も入れた気がします。はじめは同級生同士のメンバーのみでお店を開く予定でしたが、それでは前年と今年の二年間で終了してしまう。子ども祭りで毎年お店があるような伝統的なお店はまだないことを感じて「この年で終わらせてはいけない」と考えるようになりました。そこで自分たちがいなくなってもお店を開くにはどうしたらよいか考え、後輩をお店に入れようと考えました。そこで後輩である杉原竜希君と出会いました。彼はこのポン菓子屋さんに興味を持ってくれた後輩の一人です。彼がいないと、この年もポン菓子屋さんを開くことの意味はなかったのかもしれないほどの大きな存在になりました。竜希くんはポン菓子の機械をどこで借りることができるのか、原料はなにを使っているのか、機械の使い方、ポン菓子の味付けの仕方などすべてを一緒に学んでくれました。

二年連続でお店を開くことができて嬉しかったです。自分たちがいない翌年もポン菓子屋を残してほしいと思い、竜希くんに向けて「来年も頼むで」と発破をかけました。すると竜希くんは「任して」と返事をしてくれて安心しました。卒業後、子ども祭りの季節がきて、案内文をみると自分の名前がついたポン菓子屋さんがあり、〝竜希やっぱたいしたやつやな〟と心に思い、託してよかったと感じました。

自分たちで主体的に決めることができ、後輩も巻き込んでできるような島小学校子ども祭りを誇りに思います。

ⅵ　修正案の誕生

また新しい年、子ども祭りの原案を作成する時期がやってきました。原案には提案理由・提案内容を書く必要があります。毎回、黒板に大きく「子ども祭り」と書いて、その周りに子どもたちが子ども祭りについての思いを書いてイメージを膨らませていますが、その年は、子どもたちのやる気を今一つ引き出せなくて悩んでいました。しかし、私が琵琶湖フローティングスクールに引率に出ている間に、六年生の穣が自主的に運営委員会を開いて、今までの討議を見事に反映した提案理由を書いていたのです。

「一年生の皆さんは初めてですが、その他のみんなは子ども祭りを一回はやっていて楽しみにしていると思います。有志の店を誰と出すか、学級の店で何をするか、みんなそれぞれ夢をふくらましています。今年も学級の店では現金を取り扱います。本当にお店出すみたいでおもしろそうだと思います。私たち運営委員は今までにないような新しいお店や企画を用意して、今までにない世界にひとつだけの子ども祭りにしたいです。このような夢を実現させるため案を提案します」

この提案理由を読んだとき「子どもたちに助けられた」と思いました。しかし、提案内容は書かれていましたが提案理由にある、「今までにないような新しいお店や企画」に対応する提案内容が書かれていませんでした。私は穣をほめた上で、

「『私たち運営委員は今までにないような新しいお店や企画を用意して』とあるけど、具体的な提案内容が書かれていない。特にアイディアがないんだったら、提案理由の先の文章を削るか、それか新しい店や企画を作りだすかどちらかだけどどうする」と聞きました。穣たちは「新しい店や企画」を作り出す方を選んで頭を寄せ合いましたが、提案内容を具体的に盛り込むことはできませんでした。その時、五年生の担任をしていた私にとって大きな出来事になりそうな予感がしていました。

子ども祭りの原案ができ上がりました。この原案をもとに学級会での討議も始まりました。五年生は原案を読み討議する中で提案理由と提案内容にある矛盾に気が付きました（資料⑦参照）。

C　提案理由に新しい店や企画とあるけど、提案内容に新しい店はない
T　そうしたら、提案理由に賛成か反対か
C　賛成や。新しい店ができたら楽しいもん
T　そうしたら、新しい店考えよか
C　どんなお店つくったらええやろ
C　本屋みたいのはどう
C　本屋って新しい本を売るの？
C　それは、やるんやったら、古本やろ
C　それって、みんなの家から古本集めるのか
C　そや
C　どうやったらみんな持ってくるかなあ
C　持ってきたら、交換できるっていうのどうやろ
C　それはいい。子ども祭りでねらいにしているリサイクルにもバッチリ合うやん
C　これで本屋のイメージ固まったな

④物《もの》を売《う》る時《とき》は予約券《よやくけん》を使《つか》ってどれだけ売れるか確《たしか》めます。
今年《ことし》もお店《みせ》ではお金《かね》を扱《あつか》うことにしました。

(3)友達とできる店

①4人以上《いじょう》10人以下《いか》でお店《みせ》を出《だ》す。

②お店で物《もの》を買ったり食《た》べたりする時《とき》は運営委員会《うんえいいいんかい》が作《つく》ったチケットを使《つか》う。

(学級のお店でも使えます。)

- 遊《あそ》びチケット □枚《まい》
- 食《た》べ物《もの》チケット □枚《まい》

※お店《みせ》の数《かず》で決《き》めます。

③お店《みせ》を出す人《ひと》は出店申し込み書《しゅってんもうしこみしょ》を出《だ》す。

④出店申し込み書をもとに先生と運営委員で審査する。

〈審査《しんさ》する事《こと》〉

★500円《えん》以内《ない》でお店《みせ》を出《だ》せるか?

★人《ひと》に迷《めい》わくをかけないか?

★食《た》べ物の店《みせ》を出《だ》すとき、次《つぎ》の物でお店《みせ》が出せるか?

1. 自分達《じぶんたち》で育《そだ》てた物《もの》
2. 学級園《がっきゅうえん》で育《そだ》てた物
3. さとう、しお、す、しょうゆ、みそ、あぶら
4. 島《しま》の自然《しぜん》でとれた物(ムベなど)

(4)みんなのためにする店《みせ》

去年《きょねん》に続《つづ》いて「みんなのためにする店」をしようと思いました。

①パン屋

どこかの部屋をつくってお昼のパンをみんなに配る人。

②サービスカウンター

各店《かくてん》の案内《あんない》や困《こま》った事《こと》を相《そう》談《だん》する所《ところ》です。受付でもあります。

③両がえ屋

今年も、学級の店で直接《ちょくせつ》お金をあつかうので、おつりが必要《ひつよう》になります。だから、おつりがなくなったときにに両がえしてくれる人が両がえ屋です。

④放送屋(四年修正案)

店のせんでんや時間をくわしくおしえる

(5)リサイクルする店

本屋(5年修正案)

①自分《じぶん》たちのいらなくなった本《ほん》を学校《がっこう》に持ってきて、それを店の商品にする。そうすると、リサイクルになるし、自分の読んだことのない本も読《よ》めるので、いいと思います。

②本を持《も》ってきた人には、こうかんにチケットを渡《わた》します。

③このチケットを持っている人はお店にならんでる本と交かんできます。

④遊びチケットで、読むだけはいいです。

⑤お父さんや、お母さん、地域の人はお金で買うことができます。

〈2〉

資料⑦

世界《せかい》に1つだけの子《こ》ども祭《まつ》りにしよう

2007年《ねん》10月《がつ》12日《にち》(金《きん》)

提案者《ていあんしゃ》
運営委員会《うんえいいいんかい》

1 みんなの思《おも》い(提案理由《ていあんりゆう》)

1年生《ねんせい》のみんなは今年《ことし》はじめてです。その他《ほか》のみんなは子《こ》ども祭《まつ》りを1かいはやっていて、楽《たの》しみにしてると思《おも》います。友《とも》だちと出《だ》す店《みせ》を誰《だれ》とだすか、学級《がっきゅう》の店《みせ》では何《なに》をするかみんなそれぞれ夢《ゆめ》をふくらましています。今年《ことし》もげん金《きん》とりあつかいします。本当《ほんとう》にお店《みせ》を出《だ》すみたいでおもしろそうだと思《おも》います。私達《わたしたち》運営委員《うんえいいいん》はいままでにないような新《あたら》しい店《みせ》やきかくをよういして今《いま》までにない世界《せかい》に一《ひと》つだけの子《こ》ども祭《まつ》りにしたいです。このような夢《ゆめ》をじつげんさせるため案《あん》を提案《ていあん》します。

2 めあて

(1) みんな仲《なか》よくたくさん店《みせ》を出《だ》し楽《たの》しい祭《まつり》を作《つく》ろう！

(2) 島《しま》の自然《しぜん》を生《い》かそう！

(3) 来年《らいねん》も地域《ちいき》の人《ひと》が来ようと思《おも》う祭《まつり》にしよう！

3 日時《にちじ》：2007年《ねん》 11月《がつ》16日《にち》(金《きん》) 11：20～14：20
(180分間《ふんかん》)

4 会場《かいじょう》　島小学校《しましょうがっこう》(各教室《かくきょうしつ》　体育館《たいいくかん》
中庭《なかにわ》　運動場《うんどうじょう》)

5 方法《ほうほう》

(1) 5種類《しゅるい》のお店《みせ》を出《だ》す

① 学級《がっきゅう》で出《だ》すお店
(委員会《かい》をふくむ)

② 友達《ともだち》とできるお店《みせ》

③ 地域《ちいき》の人《ひと》や先生
幼稚園児《ようちえんじ》　メリー保育園《ほいくえん》などが出《だ》すお店《みせ》

④ みんなのためにするお店《みせ》

⑤ リサイクルできる店

(2) 学級《がっきゅう》で出《だ》す店《みせ》

① 学級《がっきゅう》で話《はな》し合ってどんなお店《みせ》か決《き》める

② 学級《がっきゅう》のお店《みせ》は、お父《とう》さんやお母《かあ》さん地域《ちいき》の人《ひと》に物《もの》を売《う》ることができる。

③ 児童会《じどうかい》からお店《みせ》を準備《じゅんび》するお金《かね》はもらえない。

<1>—(協)

7 役わり分担

(1)お店《みせ》作《づく》り→全校《ぜんこう》
(2)チケット作《づく》り→運営委員《いん》
(3)原案《げんあん》作《づく》り→運営委員
(4)出店《しゅってん》申《もう》しこみ書《しょ》作《づく》り→運営委員《うんえいいいん》
(5)審査《しんさ》→運営委員《うんえいいいん》と先生《せんせい》
(6)出店場所《しゅってんばしょ》の決定《けってい》→運営委員《うんえいいいん》
(7)総会《そうかい》での提案《ていあん》→運営委員《うんえいいいん》
(8)幼稚園《ようちえん》へのしょうたいじょう→1年生《ねんせい》
(9)メリー保育所《ほいくしょ》へのしょうたいじょう→2年生《ねんせい》
(10)地域《ちいき》にくばるチラシ作《づく》り→3年生《ねんせい》
(11)かく町《まち》のけいじ板《ばん》にはるポスター→4年生《ねんせい》
(12)前《まえ》におられた先生《せんせい》へのしょうたいじょう→5年生《ねんせい》
(13)かん板《ばん》作《づく》り→6年生《ねんせい》
(14)スタクイラリーの台紙《だいし》→運営委員《うんえいいいん》
(15)コマーシャル(ホットテレビ)→運営委員
(16)スタンプ作《づく》り→各店《かくみせ》
(17)沖島《おきしま》しょうたいじょう→5年生

8 忙《いそが》しくならないための工夫《くふう》

① みんなの決《き》めたする店《みせ》の開店《かいてん》時間《じかん》をできるだけ短《みじか》くしました。

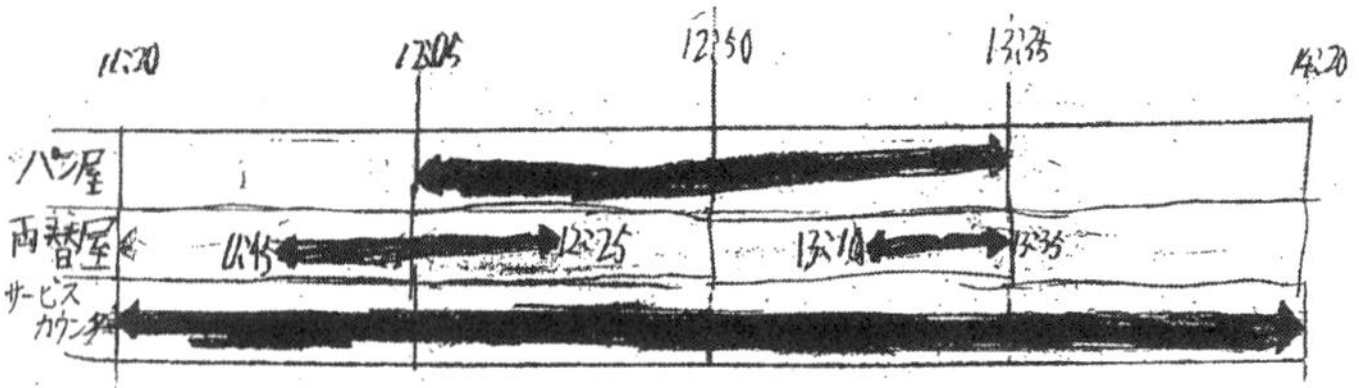

② お店《みせ》は、一人《ひとり》最高2つまで出すことができます。
③ しかし、まだお店を出したいな〜と思っている人は、休みがすくなくなって、忙しくなりますが、3つ目もやってもいいです。

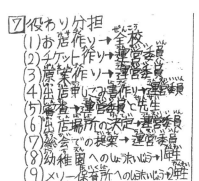

⑥もうけは委員会やクラブで使います。

(6) 保護者《ほご》 幼稚園《しゃよう ちえんち》 地域《いき》の店《みせ》

世界に1つだけの子ども祭《まつ》りにするため保護《ほご》者《しゃ》の人、地域の人達《ひとたち》に進《すす》んでお店《みせ》を出してくれるように招待《しょうたい》する。又、幼稚《ようち》園にも出店《しゅってん》していただくよう呼びかけます。

(7) たくさんの人《ひと》に来《き》ていただくため、次《つぎ》のような事をします。

①宣伝《せんでん》のチラシを配《くば》る。

②宣伝《せんでん》のチラシを町《ちょう》ごとの回《かい》らん板《ばん》にはさんでもらう。

③ポスターを町《ちょう》のけいじ板《ばん》にはる。

ほかに近《ちか》くのローソンなどの人《ひと》が集《あつ》まる所《ところ》にポスターをはってもらう

④子ども祭《まつり》の案内《あんない》をするためにわたらい橋《ばし》にかんばんを置《お》く。

⑤ポット テレビにコマーシャルを流《なが》し宣伝《せんでん》する。

⑥ほおうちえん 島幼稚園のみんなや双葉保育所《ほいくしょ》のみんなを招待《しょうたい》する

(8) めあての「島の自然をいかそう」をたっせいするために島の自然を生かしたりりサイクルしたお店を出した人達に

今年もエコチケットを1枚プレゼントします。今年はエコチケットは食べ物にも遊びにも両方つかえます。

(9) スタクイラリー

子ども祭をもりあげるためにスタクイラリーをしようと思います。6こスタンプをあつめて5このクイズを全問せいかいしたらけい品をもらえます。

クイズは、学級の店のことしかかいていません。ぜんぶで6?です。

スタクイラリー→スタンプラリーとクイズラリーががったいしたことです。

⑥取り組み日程《にってい》

(1) 10月12日(金)提案《ていあん》と決定《けってい》

(2) 10月29日～11月2日まで出店申し込み《しゅってんもうしこ》しめきり

(3) しんさを終《お》わった店《みせ》からどんどん準備《じゅんび》をする。

(4) 11月15日 友達《ゆう》とやる店準備

(5) 11月16日 子ども祭り

・学級《がっきゅう》の店《みせ》の準備《じゅんび》…2校時《こうじ》

・友達《ともだち》とやる店準備…3校時

・みんなのためにやる店準備…3校時

②お店《みせ》を出して楽《たの》しむ

・前半 11:20～12:50 ┐ 90分《ぷん》ずつ

・後半 12:50～14:20 ┘

③後《あと》しまつ

14:30～15:00(30分間)

〈3〉-修

早速、修正案作成チームを作って言語化することになりました。依代、夏代、愛佳が放課後、愛佳の家に集まり文章化しました。

そんななか、他の五年生でも「本屋」のイメージが広がり、恵理華が「遊びチケットで読めるようにしよう」とか「大人は交換チケットなしでもお金で買えるようにしよう」とかと修正案を補強しました。これだけのイメージが広がったことは、この「本屋」を子ども祭りで作ることへの確信へとつながりました。

いよいよ児童総会。五年生は島小ではじめて文書での修正案を持って臨みました。修正案を提案し討議が始まりました（資料⑧参照）。

六年　　儲けは委員会やクラブで分けるのか、使いたいときに渡されるのか
提案者　分けます
六年　　本の値段はどうやって決めるのか
提案者　本の状態と、もと本の値段を参考にして決めます
四年　　本屋は四種類の店のうちどれに入るのですか
提案者　儲けが出るので、学級の出すお店に入ります
六年　　持ってくる本は漫画でもいいんですか
提案者　いいです

資料⑧

修正案《しゅうせいあん》

提案理由にある新しい店を出そう

提案者
5年生(全)

□1 提案理由《ていあんりゆう》

私《わたし》たちは、原案《げんあん》を読《よ》んで、『いままでにない新《あたら》しい店《みと》やまかくを用意《ようい》して今《いま》までにない世界《せかい》に一《ひと》つだけの子どもお祭《まつ》りにしたいです。』の所《ところ》に感動《かんどう》しました。

でも原案《げんあん》に"新《あたら》しい店《みせ》"がなかったので、
五年生《ごねんせい》は、新《あたら》しい店《みせ》を出《だ》そうと考《かんが》えました。

そこで、どんな店《みせ》を出《だ》すか話《はな》し合《あ》いました。

その中《なか》からでてきたのが『本屋《ほんや》』でした。

□2 方法

(1) 自分たちのいらなくなった本を学校に持ってきて、それを店の商品にする。
そうすると、リサイクルにもなるし、自分の読んだことのない本も読めるので、いいと思います。

(2) 本を持ってきた人には、こうかんにチケットを渡《わた》します。

(3) このチケットを持《も》っている人《ひと》はお店《みせ》にならんでいる本《ほん》と交《こう》かんできます。

(4) 遊《あそ》びチケットで、読《よ》むだけはいいです。

(5) お父《とう》さんや、お母《かあ》さんや、地域《ちいき》の人《ひと》はお金《かね》で買《か》うことができます。

(6) もうけは委員会《いいんかい》やクラブで使《つか》います。

六年　このお店は五年生全員で学級の店としてやるんですか
提案者　みんなの店みたいに全校の中のやりたい人でやります
四年　欲しい本がなかったら持ってきた本を返してもらえるのですか
提案者　はじめから、いらない本を持ってきてください
五年　僕はこの本屋に賛成です。新しいお店をつくるという提案理由に書いてあることも実現するし、リサイクルもできるからです
議長　これで討議を打ち切ります。運営委員会はこの修正案を受け入れますか
運営委員会　運営委員会は受け入れます。理由はリサイクルやし、環境にもいいからです
議長　この本屋を受け入れる人は拍手をしてください
（拍手多数）
議長　それでは本屋を新しい店として受け入れます

四年生もみんなの店に「放送屋」を復活させるという修正案を持って児童総会に臨み、学級討論をもとにたくさんの四年生が討論に立ち、放送屋を成立させました。また、三年生は「店の番をしていて、欲しいものが売り切れたらどうしたらいいですか」と質問しました。この質問が出たことによって「出店申込書」に「売り切れないための工夫」という欄が新たにつくられることになりました。

第3章

授業への子ども参加

屋上で国語の授業

第1節　「私の授業は成立していない」からの出発

一九九九年、私は島小学校へ赴任しました。担任を希望しましたが教務になりました。小さい学校なので担任外が学級へ入り授業するのは教頭と私の二人でした。でも、一ヶ月ほど経った時、二人とも六年生の授業にため息を漏らすようになっていました。教頭は音楽の授業に入り、音楽会で子どもたちに「ロパク」されるということがありました。私は社会の歴史の授業で「前のことやのに何で歴史勉強せんならんの？」と素朴な疑問をぶつけられました。授業を成立させるための二人の結論は「子どもに聞いてみるしかない」でした。その中から「子どもの学校通信簿」が生まれました。そして、私は原点に立ち返って、授業後の学習感想をとるなど、子どもとの応答関係のある授業づくりを行いました。学習感想に出てくる「分からない」や、誤って認識しているところがあれば説明を工夫し、子ども自身がよく理解して自分の言葉で言い換えているところがあれば授業で積極的に取り上げるなどして認識を深めるようにしました。

第2節　生活土台から出発する学習　五年生「てこの働き」

五年生の理科「てこの働き」の授業では、子どもたちの認識度合を知ることから出発しました。授業を始める前に、子どもたちに「てこって何？」と聞いてみました。そうすると、二五人中九人が何も浮かばない。イメージは書いたものの、全くの見当違いが六人。教科書を見て図をそのままを写し取った者五人。支点や力点、作用点まで図の中に書き込んだ者一人。このように、大半の子どもたちが、てこをイメージできていない状況でした。これでは教科書通りの学習は進められないと思いました。子どもたちが最初「てこ」として書いたイメージを大切にして、一つひとつ的外れのものも紹介しながら学習を始めました。教科書を見て図を写し取ったものより、間違っていても自分の頭で考えたイメージを大切にしました。その中にお好み焼きに使う「こて」をイメージしたものがあったので、そこから平たい部分に半円の穴をあけて栓抜きを連想させるようにして授業を始めました。そして、子どもたちの生活の中にあった直定規を使ってシーソーを作り、消しゴムを発射する遊びに注目し、これで勝負しようと思いました。案の定、この遊びを経験している者も多く、このイメージを出すと、多くを語らなくても、支点、力点、作用点を理解することができました。このイメージを出した子はどちらかといえば「学力」は低い方でしたが、この学習の中で生き生きと学習しました。このように、生活を土台にして学習を展開すると「学力」差がなくなるように感じました。

第3節　興味はどんどん広がる　三年生「太陽の不思議」

三年生の子どもが自信満々に一つの図面を持ってきました。それは理科の、太陽の学習が終わりかけている頃でした。その図面はその子が書いた日時計の設計図で、紙の真ん中に棒を立て、アナログの時

資料⑨

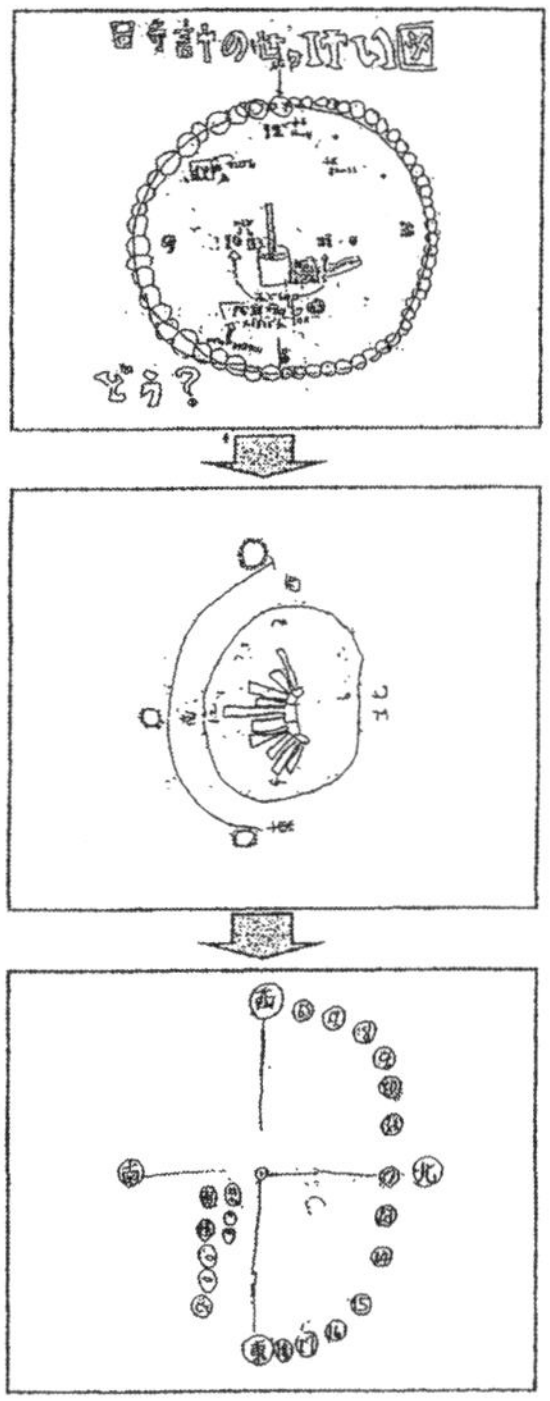

計のように一二、三、六、九の数字が並べてあるものでした。図には「どう？」という言葉が添えられていました。私はこの図を見た瞬間、この図で太陽学習のまとめをすれば面白いと思いました。太陽の動きを正確につかんでいれば、この自信満々の図に異論を唱えるだろうし、その結果、成果物として中庭に日時計を残すことができるかもしれない。

早速、この図面を授業で扱います。「日時計の設計図を書いてきた人がいます。すごいですねえ。でも、この図面でいいかな？」と子どもたちに問いました。その結果考えられたのは、中心の棒の南側半分に棒の影を描いたものでした。もう一度「この図面でいいかな？」と問うと、太陽の動きの反対側に影ができると気づき、図面が再び修正されました。図の変化が、子どもたちの思考の過程を物語るようでした（資料⑨参照）。でき上がった設計図をもとに、川から石を拾ってきて乾かし、それぞれに九から四までの数字や方角をペンキで書き、太陽の影を観測しながら地面に埋め込みました。二〇〇三年、三年生のオリジナル日時計の完成。子どもが自信満々に持ってきた日時計の設計図（発議）に意味を感じて、こちらが意図的に授業の中へ取り入れていくと、自分の疑問も出していいという雰囲気が生まれ、興味関心が広がり、学習意欲が高まります。

第4節　共同追究の大切さ　四年生「空気の不思議」

四年生の理科、「空気の不思議」という単元を「自由に空気でっぽうで遊んでみて、不思議に思うことを出し合おう」という課題からスタートさせました。そうすると子どもたちの中から一〇個の不思議が出されました。それをもとに次のような実践構想を立てました（資料⑩参照）。

その中心発問「押し棒が当たっていないのになぜ玉は飛ぶの」に対して、

> 棒が空気を押すと、空気が縮む。縮んでそれ以上縮まなくなるから、ただおしているだけになって、玉が押し出される

とある子が自分の説を述べ、それに対して意見が続きました。この討論を受けて、私の方から「弾力」について、のこぎりの歯の部分を持ち出して、曲げて離すともとの形に戻るという実験を見せながら補説しました。そして、いよいよ先に出された説の修正に入りました。

> 棒が空気を押すと、空気が縮む。縮んでそれ以上縮まなくなるから、空気のもとに戻ろうとする力（弾力）で玉を飛ばす

ここの学習過程を解説的に書いた子どもの感想があるので紹介します。

資料⑩

実践構想図

―子どもたちの不思議から出発する実践構想―

中心発問⑤押し棒が当たっていないのになぜ玉は飛ぶの？

気づいてほしいポイント①
空気というものの存在

気づいてほしいポイント②
空気も空間を独占している

⑥玉が空気を止めているのか
⑦空気の強さで玉がすごく飛んだ
⑧なぜ空気で押せるのか
⑨押し棒の違いで飛んだり、飛ばなかったりする
⑩空気には弾力がある

↓

③一回押し棒を取ってするとよく飛ぶ
④よく飛ぶ時と飛ばない時がある

↓

①押し棒を引くと玉も引きつけられる、奥へ入ってしまう

↓

②爆発音がする

※この構想図の中の①～⑩は10個の不思議を表し、その不思議をどのような順番で扱えばいいかを構想し並べ替えたもの。

はじめD君が最後の二行（ただおしているだけになって、玉が押し出される）が全然わからなったから、ずーと一生懸命考えて、Eちゃんが「空気には力がある」と言わはったから、それじゃあ、ちぢんだ後にふくれるんじゃないのかなーと思いました。でも、その後にまた、Fちゃんが「力があるなら押さなくても玉は飛ぶんじゃないの？」と言わはった時、また、頭に？マークが浮かんできて、また、いろんな事を考えて、今日の勉強は少し難しいなあと思いました。でも、Fちゃんが言ったことは空気には形がないから、自分の力では飛ばないということで、私も納得して解決しました。だから、空

気には力があって、空気が縮んできたら、自分の力で戻ろうとするのがよくわかりました。今日の勉強は面白かった。また、こういう勉強したいな。

見事に共同追究の大切さを語っています。この学習はさらに発展し、総合で取り組んだ「菜種油しぼり」の中で、油搾り機の搾るところが蛇腹になっているわけをこの学習をもとに理解していきました。日常生活の何気ないことを科学的にとらえられるようになると学習は面白くなります。

テストには子どものノートに書かれた図を使い、授業の中で具体的に取り上げたことをもとに出題します。そうすることによって指導と評価の一体化(1)を図るのです（資料⑪参照）。

第5節　学級担任になって　授業にかかわる基本方針

私は教務を終え、二〇〇五年担任になりました。五年間の専科教員としての授業への取り組みをベースにして、授業にかかわる基本方針を練り直しました。

第1項　子どもたちが授業に参加する仕組み作り

私は、子どもたちが授業に参加する仕組み作りとして二つのことに取り組むことにしました。一つ目は「全員発言」を班活動の一つに位置づけ、学級ができてそう遅くない時期に達成します。教師は意図

資料⑪

② 4年理科テスト	空気と水の性質	名前	

1. 空気でっぽうで玉のとび方を実験してみました。次の文で正しい文には○を、まちがっている文には×を( )の中へ書き入れなさい。

( )① おしぼうと玉の間をあけない方がよくとぶ。

( )② おしぼうと少しきつめの玉を使って空気がもれないようにするとよくとぶ。

( )③ 玉はよくとぶようにゆるめのものを使うほうがよい。

( )④ おしぼうと玉の間にできるだけたくさんの空気があった方がよくとぶ。

2. 次の文はおしぼうが玉に当っていないのに玉がとぶのはなぜかを説明しています。文の中の( )にてきとうな言葉を入れ、下の問いに答えなさい。

おしぼうと玉の間に(　　　)があって、おしぼうが空気をおすと、空気は(　　　)、空気はちぢんでそれ以上(　　　)なるから、空気のもとの形にもどろうとする力で玉をとばす。

◉ 〰〰のような力を何といいますか

(　　　)

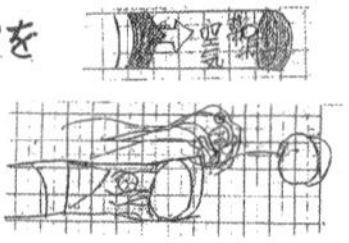

3. 下の図のようなときは玉がとびません。理由を説明しなさい。

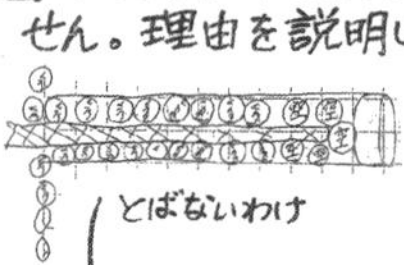

(とばないわけ

)

4. よくとぶときの空気でっぽうを絵で表しましょう。

5. おしぼうを引くと、玉が奥へ入ります。そのことを図を見ながら真空という言葉を使って説明しなさい。

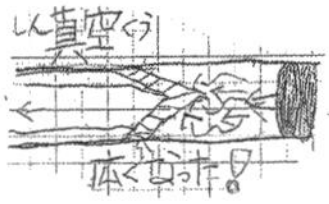

(玉が奥へ入るわけ

)

6. 下の二つの図を見ながら下の問いに答えなさい。

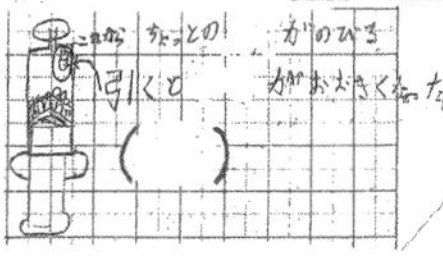

(1) 上の二つの図は空気と水を表わしています。図の中の( )に空気・水を入れましょう。

(2) 空気の入っている方をおすとどうなりますか(　　　　　　　　)

(3) 空気の入っている方をおして、はなすとどうなりますか

(　　　　　　　　)

(4) 水と空気の性質について合っているものに○を、まちがっているものには×を( )の中へ書き入れなさい。

( )① 空気は、ちぢめることができる。

( )② 水は、ちぢめることができる。

( )③ 空気は強くおしても、弱くおしてもかさは変わらない

( )④ おしちぢめられた空気には、もとのかさにもどろうとする力がある。

7. 油しぼり器の中が図のようになっているわけを空気の性質から説明しなさい。

(　　　　　　　　)

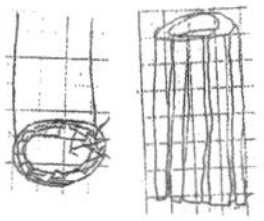

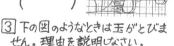

的に発言の機会を増やし、なにげない発言を取り上げ評価します。発言できない子には班での取り組みを組織して、その子の発言を保障します。そこで、発言した事への達成感を自信に変えて、「発言して授業に参加すればおもしろい」「授業がよく分かる」という実感が学級全体の雰囲気になるようにしていきました。

二つ目は、漢字テストの取り組み。漢字の一〇問を宿題で書き取りに三回取り組んだらテストというサイクルで回します。班で目標を立てその目標に向かって共同学習します。漢字の苦手な子には、班で取り組んで目標が達成できるようにします。この取り組みで目標を持って取り組むことの重要性と自分の可能性を実感し、平均九〇点を下回らない取り組み姿勢を作っていきました。

第2項　教科書をではなく、教科書で

教材研究の観点として三つのことが重要です。第一に子どもたちの実態との関係。教材が、子どもたちの生活に根ざしているものか、それとも子どもたちの生活からかなり遠いところにあるものなのかを考えます。後者の場合なら、子どもたちに豊かなイメージがわくような工夫が必要になってきます。第二に教科書の検討をします。科学としてこの導入でいいか。指導計画はいいか。子どもの実態からこの展開でいいか検討します。その結果、指導順序を入れ替えたり、別の教材を用意したりします。第三に、特に社会科などによくあることですが、子どもたちの住んでいる地域をベースに教えることが多いので教科書が使えないのです。ですから、始めから地域教材を手作りする場合もあります。フィールドワー

クから始めて、この教材はねらいを達成するための典型的な教材になるか慎重に検討を進めます。

第3項　授業は子どもの意見で組み立てなおす

こちらが持っている指導案は、あくまでも案。子どもたちが授業に参加する仕組み作りが進んでいくと、子どもたちが教師の言うことに、質問したり、意見を言ったりすることが増えてきます。その時、私はいつも教師の物事のとらえ方の狭さを実感します。そして、子どもたちに教えられたことに感動し、受け入れ、指導案を変更していきます。「教えるものが教えられる」と言いますが、まさしくそれが起こったとき、学びは一つ深くなります。その後の指導計画をも変えてしまいます。授業後には感想を子どもたちに求めます。そこに書かれた意見も、授業づくりの重要なヒントになります。「分かりません。教えてください」をはじめとする子どもの意見で、以後の授業を組み立て直したり、子どもたちの感想を学級通信に載せて、次の授業の出発点にしたりすることも重要な授業づくりになります。

注

(1)　指導と評価の一体化とは、指導内容や指導過程を反映した評価を行うなど、指導の変化は評価の変化をもたらし、評価の変化は指導の変化をもたらすというものである。どんな指導をしても市販のテストをして評価するなどというものではない。

第4章

菜の花畑から見えてくる世界

―子どもとの共同実践の立ち上げ―

黄色く輝く菜の花畑で定点観測

第1節　子どもとの共同研究のはじまり

島小へ赴任して二年目の二〇〇〇年、私は再び四年生の理科を担当することになりました。昨年に続いて学校前の三叉路で定点観測を始めました。定点観測というのはいつも同じ場所に立って、そこから見える景色を観測する。その観測から四年生の学習内容である四季の自然の変化をつかむというものです。子どもが変わると授業も学習内容も変わると言われますが、その通りだと実感しました。目の前に広がる自然は同じなのに子どもたちの感じ方は違っていました。

前庭では桜だけではなくメタセコイアやイチョウの、季節による変化にも目が向くようになり、私自身も新しい発見をします。子どもたちは授業で定点観測を始めると、その場所から見える山に登ろうと提案してきます。二時間で帰ってこられる山登り、タイマーを手にもって出かけました。その道で草笛遊びや草花工作が始まったりして、子どもたちは初夏の自然を満喫しているようでした。そののどかな時間の流れの中で子どもたちが発見したのは黄色く輝く菜の花畑でした。菜の花畑に行き写真を撮りながら観察を続けていると、

兵馬　これが菜種油になるんや

C　ほんまかー？

C　うそやろ

C　種、つぶしたら、油出てきたで
C　見せて
C　ほんまに油やな

その時、直観的に「これは教材になる!」「この菜の花畑にこだわっていけば何かが見えてくる」と思い、子どもたちとの共同研究による授業を始めました。

第2節　油を搾って売ろう

定点観測を終え、菜種畑の色の変化、種のできていく様子を観察しに出かけたある日、田谷猛司さんと偶然出会います。田谷さんはこの菜の花畑の世話をしている人でした。そして、田谷さんや村の人たちと菜種の種落としを一緒にすることになるのです。シートの上で菜種を落とし、村の人が子どもたちのために用意してくださった「とうみ」[(1)]や「風選」[(2)]という方法で菜種とその他のゴミを分別していきました。若宮神社の湧き水で涼をとりながらの菜種落とし。収穫された菜種は二二kgにもなっていました。その菜種を前に、子どもたちは「この菜種、もらえませんか」と村の人に聞き、収穫物であるはずの菜種をもらったのです。油になることがわかっていたからかもしれません。重い菜種を引きずるようにして学校へ持ち帰った子どもたちは「この菜種どうする?」「この菜種どうする?」と何度も聞いてきます。そしてそのうち「油に搾って売ろう！」という声が高まってきます。

夏休みが終わっても、子どもたちの関心は消えていませんでした。それで、菜種油はどのようにしたら搾れるのかを追究することにしました。家庭科室へ行って菜種を加工しました。すりこぎで擦って布で搾ったり、鍋で煮てうわ水をとったり、フライパンで煎ってすりこぎで潰したりして、自分たちの力で何とか搾りだそうとしましたが、成功しません。そこで、菜種を搾る方法を教えてくれる工場がないかリサーチすることにしました。子どもたちが考えたのは

ⅰ インターネットで調べる

ⅱ 田谷さんに聞く

ⅲ 家の人に聞く

の三つの方法でした。早速学級を代表して、ひかると佳苗が、田谷さんに聞きに行くことになりました。田谷さんは工場を紹介してくれましたが、子どもたちが訪問することはできませんでした。インターネットでも見つけることができません。そこで私から、タウンページで調べる方法を提示しました。食物油脂の項に載っているところに分担して電話してみます。

C お宅は、菜種油搾っていますか？

業者A うちは、豚の油ですよ

C お宅は、菜種油搾ってますか？

業者B　うちは、廃油処理ですよ

電話でやり取りするたびに、いろんな油があることを発見をしていきます。そして、ついに

C　お宅は、菜種油搾ってますか

愛知食油　菜種油搾っていますよ

C　お宅の工場、見学させていただけますか？

愛知食油　いいですよ

愛知食油を発見し、子どもたちはこの工場の見学を実現させます。バスに二二kg弱の菜種を積んで、さあ！　出発です。工場で菜種をどうやって油にするのかを見学します。

C　煎るところは僕らもやったな

C　ここまでは私らと一緒やな

自分たちの油搾りの実験と比べます。見学を終えると、学級会です。「二二kgの菜種をこの工場に頼んで油にしてもらうか」が議題です。

C　この愛知食油に頼みますか

C　煎るまではできるけど…

C　その後ができひんかったなあ

C　あの搾る機械のまねができんなあ

C　二二kgの菜種で十一ℓの菜種油と十一kgの油粕か

C　僕らがやったとき、上にちょっと油が出てきたぐらいで、そんなに油とれへんかったなあ
C　できた菜種油と油粕を工場から買うということやな
C　どうですか、この愛知食油に任せますか？
このような討議を経て、この愛知食油で菜種油を搾ってもらうことにしたのです。

第3節　子ども祭りで

この後、子どもたちは当初の目的「油に搾って売ろう」に向かって動き出します。子ども祭りのお店づくりです。お店を作るためにどんな役割分担が必要か。宣伝、ビン（油の容器）集め、注文集計、仕入れ、価格設定（原価ともうけの計算）、ラベルづくり、お店の装飾などなど、夢が広がります。それぞれの仕事に分かれてどんどん仕事が進みます。そして、いよいよ開店。体育館の玄関に机を一つ置いて、大きい油屋の看板を出して「一〇〇％島産菜種の油、いりませんか」と掛け声が響きました。子どもたちは校内にとどまらず、近くの住宅へと、今でいう「訪問販売」までやっていました。

《子どもたちの声》

（i）自分で売ってみて

＊ダイエーとか行ったら買う方やけど、今日は売る方やった。叫んでいたら、のどが痛くなった。

買ってくれてとてもうれしかった。知っている人が五個も買ってくれてうれしかった。（西川）

＊外でどっかのおばちゃんが待っててくれた。最初のお客さんが一番ドキドキした。一本でも自分で売ったのが楽しかった。よし笛（学校の近くの町の名前）中走り回って叫んだら、やっぱり効果はあった。予想以上に売れたし油粕も一袋も売れ残らなかった。（真美）

＊最初ドキドキしていたけど、後から楽しくなってきて、大きな声で「油はいりませんか」と言うようになってきて、僕の予約券が売れてよかった。（西川）

＊売れる時は楽しかった。時間が早く思えた。（梅原）

＊私は油を買いにいっぱい来てくれると思っていたけど、あんまり来なかったけど、よし笛に「油いりませんかー」「菜種かすもありますよー」と言っていたら、家から「二つちょうだい」と言って出て来てくれた人もいたけど、全然出て来てくれなったから、ベルを鳴らして行ったらほとんどの人が買ってくれた。買わなかった人もいたけど、楽しかった。今度は島でとれた世界でちょっとしかない珍しいものを売りたい。みんなが五個買うとか、島のみんなが来てくれるものを売りたいと思う。（二三）

＊はじめて売り物をしてみたら、とっても楽しかった。お客さんがいっぱい来てくれて、とってもうれしかった。「やったー！　いっぱい売れたし」お客さんがいっぱい来てくださるとちょっと忙しかったかな。でも、こういう経験も楽しい。みんなに買ってもらってこっちも楽しかったし、買ってくれた人たちも喜んでくれててうれしかった。（ひかる）

＊私は売れたときうれしかった。大声でいっぱい言った。そして、びっくりしたことが一つあるんだ。北津田の人で田んぼにいたおじさんが油かすを五個も買ったらしい。最初は一〇個って言って、ゆきちゃんが「ないかもしれません」と言って、五個にしたらしい。ちょうど七個あったので、五個もっていった。あとから千円もらった。それはびっくりした。三一軒も買ってくれたからうれしかった。（翔子）

＊ちあきちゃんがピンポン鳴らして、家の人たちに油を買ってもらった。ほとんどの人が買ってくれた。でも、油を買ってくれた人は、油は一八〇㎖二二〇円だったので二五〇円や五〇〇円をくれて、みんなおつりを出さないといけなかった。だから、一回、一回学校にお釣りを取りに行かなきゃいけなかった。でも、たくさん買ってくれてうれしかった。（佳苗）

＊すごく楽しかった。油を売る前からおばあさんが並んでいた。とてもびっくりしました。はじめらへんは、ぜんぜん売れなかった。だから、四年の男子が宣伝に行った。そしたら、結構人が来た。油かすも売った。全部売れた。油を買ってくれた人は三一軒だった。一ℓ、三ℓ買った人もいる。

(ii) 持って帰っておうちの人に見せると

＊家に持って帰って、お父さんに「持って帰ってきて良かったんか？」と聞かれた。わけを説明すると、「ほりゃ良かった」と言ってくれた。「三月三〇日、かほとまさ大の誕生日の夕ご飯にしよう」

と母さんが言ってくれた。おばあちゃんにちゃんと見せたら喜んで仏様（おじいちゃん）に見せてくれた。すごく油を歓迎してくれてよかった。（かほ）

＊お母さんに見せたら「いいにおいの油やな」って言っていた。早くその油を使った料理を食べたいです。（常）

＊「すごいなあ。これでおいしいてんぷらができる」とお母さんが言った。天ぷらを食べるのが楽しみだ。（兵馬）

＊おばあちゃんが「それで目玉焼きやら料理したらおいしいやろなー」と話してた。家に持って帰るのをワクワクしていた。なぜかというと、早く菜種油を使った料理を食べてみたかったから。

＊持って帰ったら、「これ売ってたん？」「いっぱい売れた？」とか、いろいろい聞かれた。きれいな色とかもいろいろ言ってた。さっそく使おうとしてはったけど、ちょっともったいなかった。（航司）

＊お母さんが油を見て「すごく色濃いなあー」「いい匂いやなー」と言いました。僕は菜種油で何か作りたいと、ぐちゃぐちゃ卵を作ったら、すごくいい匂いでした。（小林）

＊家に持って帰ったら、「すごい色やーん」とか「匂いが香ばしいなあ」とか「また少しだけ使おう」とかいろいろ言ってやった。お兄ちゃんには自慢していました。（奈津子）

＊「おおすごいなあー」「どこでしぼってきたの？」「なんで、島の油なん？」（覚）

＊おばあちゃんが「香ばしくていい匂いやなー」って言ってくれました。お父さんが鶏肉を油で焼い

たら火の通りがよくてちょっとこんがり焼けておいしかった。（真美）

*この前、菜種をくださって、どうもありがとうございました。菜種を搾ってくれるところが見つかりました。おかげで立派な菜種油になりました。本当にありがとうございました。（村北）

(iii) 田谷猛司さんへ

*田谷さん、油はたくさん買ってもらいました。こうやって油が売れたのも田谷さんのお陰です。今まで私たちは、菜種刈りや菜種落としをしたり、いろんな事を教えてもらって体験できました。私たちはとてもうれしいです。ありがとうございました。油も売れて教科書に載っていないことも学習できました。本当にありがとうございました。（森）

*お元気ですか？　菜種ありがとうございます。油ができました。油を売りました。買いに来てくれた人が結構いました。油かすは全部売れた。自分たちでラベルは作った。一八〇㎖二二〇円で売りました。私たちのこと忘れないでください。とてもいい油です。ありがとうございます。（西川）

*田谷猛司さんに出会ったのは菜の花畑で、神社で菜種落としをさせてもらってとっても面白かったです。油ができて田谷さんに出会ってよかったなあーと思っています。（中略）田谷さんに一ℓあげることになってこれが僕たちの気持ちです。（小林）

第4節　島町の人はなぜ菜種をタダでくれたのでしょう？

子ども祭りが終わってもさらに菜種の学習を続けることにしました。

T　田谷さんたち島町の人はなぜ菜種をタダでくれたのでしょう？
C　優しいから
C　菜種殻が必要だったから
C　学校のため協力してくれた
C　先生が裏で頼み込んだから
C　菜種刈りを手伝ったから
T　実はもっと大きい問題が隠されているのだけど考えてみて
C　うーん、なんやろ？
C　分からへん
T　愛知食油の見学カードの中にヒントがあるよ
奥島　国産と外国産の値段
C　国産菜種油は高くて売れない
C　外国産の安い菜種油が入ってくると売れなくなる

C　そういえば、スーパーマーケットのキャノーラ油は一ℓ三〇〇円位やったのに、島産の菜種油は一ℓ一〇〇〇円で売ったやん

C　約三倍の値段やな

T　実は剛士君のお父さんは野菜を作ってやって、外国から安い野菜が入ってくるから困ってやある。これと同じ問題や。ユニクロも同じや。ユニクロは中国で安く作って日本に服を持ってくる。日本で服を作っている人は困っている

T　そこで、日本の野菜作りや服作りを守るためセーフガード[3]をしてほしいって、今要求してはると解説しました。

子どもたちの学習感想を紹介します。

＊島の人がなぜ菜種をただでくれたのかまだわからない。(一二三)

＊今日の二時間目に理科がありました。今日は菜種をなぜくれたのかということを話しました。あまり売れないそうです。国産のやつは高いから売れないそうです。外国はずるいと思います。(涼)

＊ただでくれやるわけは、私は「優しいから」「学校のため」など、そんな感じやからかなあと思った。これからの日本は大変です。(奈津子)

＊外国の果物などが多く売れたら日本の果物などは売れなくなってしまうのでとても怖い。(兵馬)

＊僕たちが大人になったら、もう国産の食べ物が食べられないのはいやです。そんなことがあったら

復活してほしいです。(覚)

＊国産の野菜など売っている人たちは苦労していることが分かった。商売は大変なんだということが分かった。(祥子)

＊いくら輸入でも、いい物だったらいい。(真美)

＊国産の菜種が減ってきていて、島でも菜の花を育てている人はあまり見たことはありません。愛知食油さんみたいに菜種油を搾る人が増えてほしいです。

以上のように、率直に疑問をぶつけるもの、単純に外国の責任にするもの、国産の危機に将来を危ぶむもの、品質にこだわるもの、自分たちの活動と合わせて、自然食品として菜種油を商品化した愛知食油のやり方に共感するものと様々に出されました。

第5節　地域とつながっていた

他にも菜種をもらえた理由に関連して学べることがあると授業を続けました。

T　地域の人は何のために菜種を作っているんやと思う？

T　実は前の授業の中で答えを出した人もいたよ

C　何やろ
C　わからんなあ
T　田谷さんの話の中にもヒントがある
C　田谷さんは村の共同作業でやってるって言ってやった
C　個人で作っているということではないということや
C　毎年、菜種作る田んぼも交代で変わるとも言ってやった
C　村でやるってことは
C　あ！　祭りと違う
C　私が言った菜種殻が要ったんや
C　そうか！　松明づくりに使う菜種殻が欲しかったんや

菜種は九月に種をまいて翌年六月に刈り取る。その刈り取りの町の中の分担も決まっていることが明らかになりました。自分たちが菜種をただでもらえたことをきっかけに地域とつながって、自分たちの参加する祭りを執り行うための重要な取り組みの一つになっていたのです。こんなつながりのあることに子どもたちは大変驚いたようでした。この島町の取り組みは映画(4)にもなり『ほんがら松明復活』(5)として紹介されています。

資料⑫

2007年度　生活科・総合学習の計画

生活・総合学習　（4）年　No 1　（55）時間

純粋な教科の発展として（16）時間	総合学習のテーマ　菜の花畑から見えてくる世界　〜地域から見た農業の問題点〜	と合校に的位総全年の年て、学学しに各ずけるもの（　）時間
＊漢字学習（4）時間 ＊算数の補充的及び総合発展（2）時間 ＊ローマ字7時間	時期・内容： 4月　定点観測（四季の自然）・菜の花畑の発見・菜本リサーチ　誰が何のために・はちみつとり 5月　菜の花畑の変化 6月　菜種刈り（島北道） 7月　収穫（菜種落とし） 9月　菜種をしぼろう・油しぼり実験・油工場リサーチ・工場見学　油かすができる 10月　菜の花商店作り（子ども祭）商品化と販売・価格決定・ラベル作り・計量　空きびんの準備 11月　子ども祭り 12月　見えてきた問題点 1月　○○油しぼりに挑戦	＊性教育（4）時間 ＊パソコン（8）時間 ＊英語（2）時間 ＊（　）時間 ＊（　）時間
	教科関連：算数　量と測定／社会　工場のしくみ・商店のしくみ　図工　ラベル作り・看板作り／理科　四季の自然　図工　菜の花畑を描こう	
＊V＆Sフェスタ21（国語・音楽発展）3時間	島小子ども祭（長いスパンの学習サイクルを作る。ここを目指し、さらに再びここから出発） 菜の花商店での、菜種油、油かす、はちみつジュースの販売	

第6節　その後の発展

その後、子どもたちは、菜種油の成功を自信に「もっと他に油になる実はないか」と地域を探検して、椿の実を発見して、採集し、搾油機を借りてきて椿油を作りました。

この一連の実践は「菜の花畑から見えてくる世界」と名付けられ、子ども祭りの定番になりました。島小子ども祭りといえば「菜種油」という名物にもなりました。そのお陰で、田谷さんにお世話いただいていた島町以外からも「菜種刈りをしてくれないか」と依頼があったり、菜種その物の提供があったりしました。その結果、収穫量が多くなり正真正銘の島産菜種一〇〇%の菜種油になっていきます。そして、総合の時間が三時間から二時間に変わってもこの取り組みは島小で受け継がれていきました（資料⑫参照）。

注

(1) とおみ（唐箕）は各種の穀類を風力を利用して選別する農機具で（中略）主な作用部は、材料供給用の漏斗《ろうと》、羽根車（翼車《よくしゃ》）を収めた起風胴及び選別風洞からなっており、漏斗から選別風洞に落とされた材料は、羽根車からの横風を受けて一番手前に精粒、遠方に夾雑物《きょうざつぶつ》、その中間にくず粒が落下する。（後略）（日本大百科全書）

(2) 風選とは、菜種を一定の高さから落とすことによって落ちる過程で風によって菜種より軽いものを飛ばし、菜種とその他のゴミを選別する方法。

(3) セーフガードとは、特定の農産物や工業品の輸入急増時に、関税の引き上げや輸入制限を講じて国内への輸入を抑制する措置。

(4) ドキュメンタリー映画『ほんがら』長岡野亜監督作品。

(5) 水野馨生里『ほんがら松明復活―近江八幡市島町・自立した農村集落への実践―』新評論、二〇一〇年。

第5章

子どもの参加領域の拡大

「出来たぞ、島産 100%の菜種油」

第1節　自分たちの夢のかなう道　―クラブ活動は自分たちの発議で作る―

武佐小と同様、島小でも自分たちで発議して、賛同者を募り、クラブを作ることができる方法で取り組みました。次の作文は、発議〆切直前までもめて、クラブ作りを実現した隆の作文です。

クラブができるまで。ぼくと進と清でサッカークラブを作ることが決まった。だけど同学年の三人だけじゃだめだ。それで、他にもサッカークラブを作ってくれる人がいないか探した。だけど、やっぱり見つからなかった。それから何日かで、進が二人連れてきてくれた。そのおかげで人数が五人になった。〆切ぎりぎりで設立書を出せた。どのクラブを作るのか決まる日が来た。入りたいクラブのポスターに自分の名前を書いた紙をはった。そして結局、人数の少ない僕たちのサッカークラブと野球クラブの二つのクラブが一つになった。そして、僕たちのクラブができた。(隆)

実は、発議〆切当日の放課後、

T　隆！　発議してないんとちがう？

隆　進が出したはずやで

T　出てないで。進どうした？

資料⑬

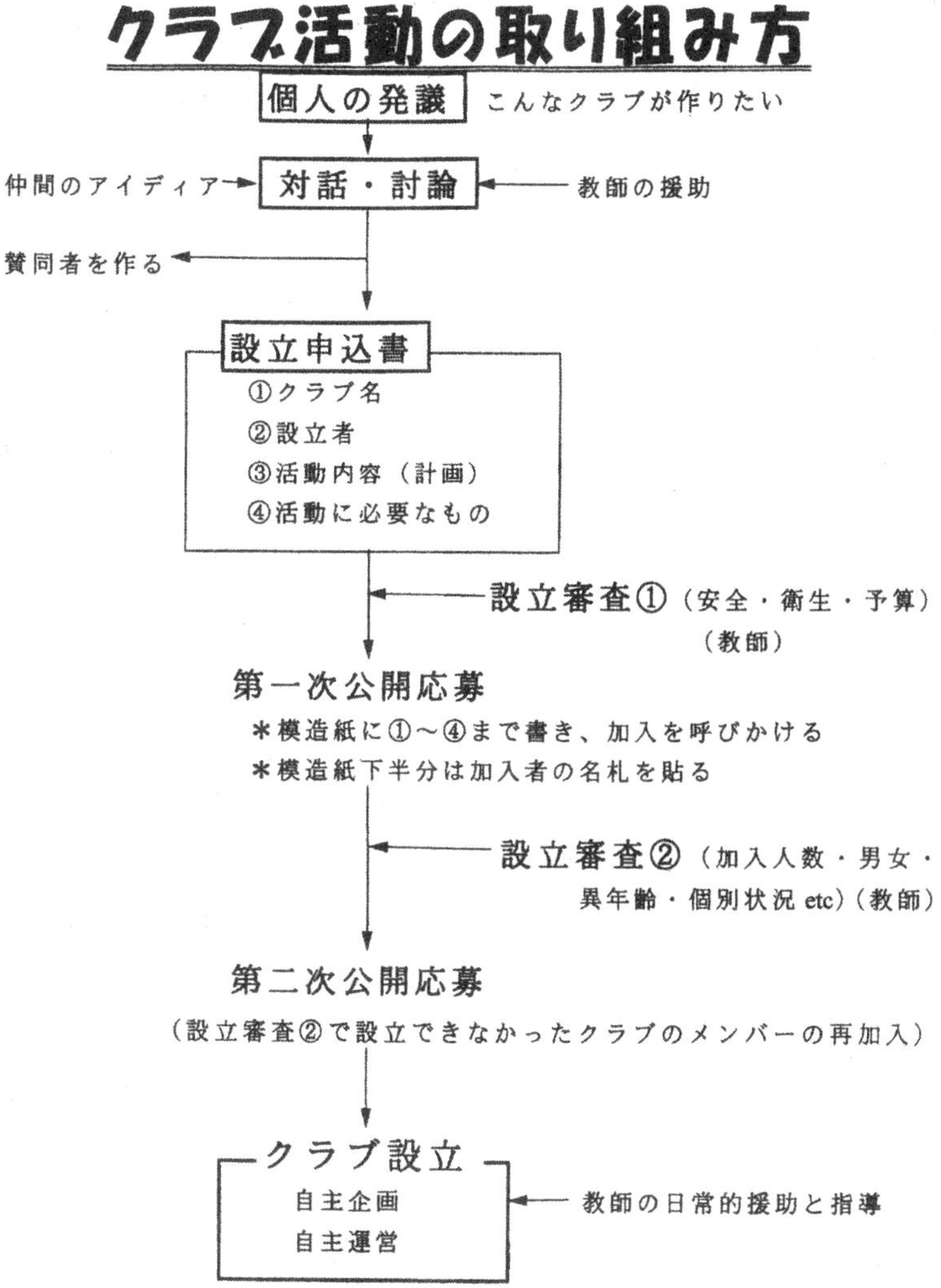
クラブ活動の取り組み方
個人の発議
こんなクラブが作りたい
仲間のアイディア
対話・討論
教師の援助
賛同者を作る
設立申込書
①クラブ名
②設立者
③活動内容（計画）
④活動に必要なもの
設立審査①（安全・衛生・予算）（教師）
第一次公開応募
＊模造紙に①～④まで書き、加入を呼びかける
＊模造紙下半分は加入者の名札を貼る
設立審査②（加入人数・男女・異年齢・個別状況 etc）（教師）
第二次公開応募
（設立審査②で設立できなかったクラブのメンバーの再加入）
クラブ設立
自主企画
自主運営
教師の日常的援助と指導

進　何で僕ばっかりせなあかんの
Ｔ　隆、進、ここで発議せな一生後悔するで
隆　ごめんな。任せっきりにして

そして、ようやく二人はクラブ設立申込書を提出しましたが、さらに人数が足りないという難関が待っていました。お互いにしたいことを交互に活動するという知恵を出して、二つのクラブを合体させて彼らのクラブが実現しました。

異年齢・男女混合の子どもたちが集まっているところや、たくさんの子どもたちが集まっているところはクラブとして成立していきます。そんななか一度涙をのんだ演芸クラブが異年齢・異性ということでたった二人で成立します。この二人は全校に呼びかけて校内で公演しました。会場は子どもたちであふれ、大きな笑い声の中で二人の漫才する姿が光っていました。また、自然サイクリングクラブは六年の男子と四年の女子の両方から発議されました。同趣旨なので合併を持ちかけたところ、すんなりＯＫ。どんな活動をするかを話し合いました。

六年　釣りに行こか
六年　ええなあ
四年　私らは釣り道具もっていない。どうしょう

六年　作ったろ！

と、竹からせっせと釣り竿を何本も作り出したのです。

このようなクラブの在り方は、クラブ活動のあるべき姿として教師集団から歓迎を受けました。この方式のいいところは教師が活動内容やその段取りを考えなくていいところ。自然サイクリングクラブも活動内容は当然子どもたちが考えるし、自転車が必要な日は自分たちで連絡する。あるお母さんが「クラブは楽しみにしている。日曜日に部長に連絡して、『明日自転車いるか？』と聞いて、連絡を回している。こんなことは勉強ではないことだ」と、クラブに対する子どもたちの意欲を語っておられました。

このように活動の中で子どもたちが生き生きしてくると二つのクラブを一人でみることができるくらい教師も楽になる。この活動が継続している秘密はそこにあります（資料⑬参照）。

第2節　一人ひとりの顔が見えてくる委員会活動

島小では子どもたちの力で学校の仕組みを変えることができました。委員会活動もその一つです。どんな委員会を作るのかも児童総会で決めます。前年度の子どもの学校通信簿の「委員会やりがい調査」をもとに運営委員会で原案を練ります。やりがいのなかった委員会については原因を探り、廃止するかどうか検討します。できた委員会に、子どもたちは自分なりの夢をもって参加し活動していきます。そうすると活動が自然と主体的なものに変わっていきます。

（ⅰ）福笑い―放送委員会―

「ぼくの放送委員会の方針は福笑いをすること」

この方針で敦は放送委員になりました。当初はみんな、校内放送の企画で福笑いをするということを理解できませんでした。いよいよ敦の企画番組が始まりました。

敦　これから福笑いを始めます

敦　これから言う顔を描いてください。顔は丸、目は三角……

と続く。

敦　描けた学級は放送室まで持ってきてください

敦　優勝は二年です

みんな呆気にとられていました。自分たち放送委員であらかじめ顔を描いておいて、それを放送で説明して、一番似ている顔を書けた学年が優勝。その企画は敦が当番の度に続きました。しかし六月の委員会の時間、敦が突然「福笑いをやめる」と言い出しました。しかし、委員会のみんなが「続けて!」と言い、敦も続けることにしたと担当の先生から聞きました。ただ、何故その学年が優勝なのか分からないので放送室前にすべての回答を展示するという修正がなされたようです。それから一ヶ月、その取り組みは続き、七月また、敦は「やめる」と言ったそうです。今度は四年の女子が引き継ぐことになりました。その後も放送委員会と担当の先生のお陰で「福笑い」は続いていきました。敦は「一学期の頑張ったこと」の中に「福笑い」をしっかり書き込みました。

(ii) 庭球野球チームづくり―体育委員会―

体育委員会は、四五分の休み時間にスポーツ大会を企画するようになりました。もちろん休み時間だから、自由参加。この指とまれで参加したい人が体育委員会の提示した条件に合わせてチームを作って参加します。自発的な意識に支えられているので、大会の準備もやりやすい。その年の一回目の企画はドッジボール大会。六年生のスポーツリーダー明が一チーム作り、六年生のもう一人がもう一チームをやっと作って成立しました。チームづくりの条件が厳しくてなかなか作れなかったようですが、それだけではなかったようです。どうせ明の作ったチームには勝てないだろうという諦めがあったのでした。

二回目の企画は、庭球野球大会です。私は一回目の状況を何とか打開したいと、子どもたちに働きかけました。「とにかく負けてもいいから、楽しもう！」と呼びかけて、チーム作りを促しました。体育委員の裕は「明のチームと当たったら、守りばっかりやで」と言われながら、六年生の女子ばかりのチーム「シックスセブンズ」を結成しました。そして、もう一つの動きが私を感激させました。それは、体育委員長の誠が援助しながら亮介のチームが結成されたことです。六年生の亮介はいつも教室にいるか図書室にいて、体を動かすのが苦手な子です。その子が庭球野球チームを作ろうと考えたのです。五年生中心のチームも結成され、明のチームと合わせて四つのチームができました。明のチームと対戦したシックスセブンズは一八点取られたものの二点取って喜んでいました。二点取られて悔しがっていた明と対照的でした。また、亮介はにこにこしながら試合に参加していました。シックスセブンズを結成した裕は感想に「ドッジボール大会では二チームしか集まらなかったのに、四チームも集まった。その中にシックスセブンズと言う六年女子のチームを作った。オープン（何も条件を付けない）というのは、こんなチームができるんだということが分かった。いろいろやってみるもんだなあーと思った」と書きました。

（iii）島小学校だけの給食―保健・給食委員会の取り組み―（養護教諭　中村小百合）

二〇〇五年、保健委員会が保健給食委員会になって、給食のことについても担うことになりました。どんなことができるかなという話の中で出てきた六年女子の発想はこんなものでした。

「島小だけの好きな献立の給食が食べたい」

「できれば島の野菜を使いたい」

そんなことができるかどうか、まずは関係の職員に尋ねてみました。学校栄養士さんと調理員さん。おかずの数（皿の数）や栄養バランス、主食は曜日によって決まること、予算のこと、献立決定までの手順、可能な調理方法等、多くの条件をクリアする必要があることがわかりました。そのことを委員会で子どもたちにも説明しつつ、一二月から準備を始めることになりました。もちろん校長先生の許可をもらって。まずは全校に好きな献立アンケートを実施しました。また地域でとれる野菜を調査をすることも忘れませんでした。これらをもとにして、冬休みにそれぞれがオリジナル献立を考えてくることにしました。

そして一月の委員会には、学校栄養士さん、調理員さんにも来ていただき、各自が考えてきた献立を組み合わせながら、オリジナル献立を決めていきました。まず主菜は、好きなものアンケート第一位のハンバーグで決まり。できれば大中牛[1]でと希望しましたが、学校栄養士さんによると大中牛限定は難しいが、近江牛なら大丈夫とのこと。次に主食。通常ご飯は炊飯から業者委託なので米を指定することはできないが、地元の米を使いたいのなら、ピラフはどうかと調理員さんの提案がありました。ピラフなら学校で炊けるし、米や野菜は地元のものを使える。次は椀物。これは大中野菜を使ったあっさり野菜スープに決定。これで終わりかと思いきや、子どもたちはデザートを希望。予算、カロリー、調理の手間等を考えて、ゼリーを付けてもらえることになりました。

これで初めての「島小オリジナル献立」が完成しました。

「島小特製ピラフ」

「大中フレッシュ野菜スープ」

「おいしいケチャップハンバーグ」

「シャリプルピーチゼリー」

と命名したメニューが並びました。子どもたちの発想はすばらしい、やりたいという思いは行動につながり、力を発揮します。実現できたことの喜び、充実感。そこにたどり着くために欠かせない大人のバックアップ。

いざ準備を始めたら、出てくる問題もありました。やっぱり予算オーバー。校長先生が地域の方にお米を寄付してもらってきてくださったり、学校栄養士さんが材料の仕入れ価格の検討や業者との新契約をしてくださったりと、多くの協力者のおかげでなんとか実現に向かいました。子どもの発想を出発点に、そのまわりの大人たちが、子どもに引っ張られる取り組みになりました。

次の年は、予算オーバーという最大の反省をもとに、「野菜を育てる」ことから始めることになりました。地元野菜は意外にも通常の仕入れ野菜よりも高かったのです。そこで、安全、新鮮、そして安くなるからと、自分たちで野菜を育てて、それを給食に使えばいいと考えました。

最初は畑の場所つくり。学級園はすでに学年で使用していたため、隣の幼稚園の畑を使わせてもらうことにしました。そして、地域の専業農家の方に来てもらい、どんな野菜を植えたらいいか、土つくりの大切さを教えてもらいました。農家の方は苗や肥料も寄付してくださいました。苗を植える日には、委員会のメンバーが自分のおじいちゃんを呼んできて、植え方を指導してもらうことができました。

それからみんなで当番を決めて、水やりの毎日。野菜の世話と並行して、二〇〇六年度第一回目のオリジナル献立にむけて準備を進めました。今回は育てている野菜を使った料理を募集することにしました。その応募の中から、栄養教諭の先生や調理員さんと相談して、献立を決めていきました。今回の問題は、ミニトマト、ピーマン、おくら、かぼちゃ等、野菜の育ちがいまいちだったことと、キュウリ等の夏野菜の取りだめはたくさんできなかったこと。結局、足りない野菜は地元直売所で買い足すことになりました。

二〇〇六年度第二回目に向けて、一回目の反省をもとに改善すべき点を考えました。出てきたのは畑の場所問題。やはり隣の幼稚園まで休み時間に水やりに行くのは大変だったこと。わざわざ行かないと様子がわからないので、野菜の生育の遅れに気づくのも遅くなってしまったのです。

そこで、誰もがいつでも目にすることができる場所をみつけました。校門前のビオトープの横の荒れ地を畑にすると決めました。ここなら毎日、登下校でも目にする場所です。なんとビオトープ係の子のお父さんがトラクターで掘って、きれいな畑にしてくださいました。

今度は冬野菜を植える。夏野菜の反省を受けて、収穫が一度にできて、収穫量のわかりやすい大根、かぶ、じゃがいも、ニンジンを植えることにし、種をまくところから始めました。また水やりの毎日でしたが、今回は校舎からホースで水が引けたので、ずいぶん楽に水やりができるようになりました。しかし、今度は草と虫との戦いが始まりました。草取りは意外に楽しく癒されるのですが、虫は取っても取っても、果てしなく現れて柔らかい葉っぱに穴を開けていきます。

なんとか野菜が大きくなって来たので、二〇〇六年度第二回目のオリジナル献立にむけて準備を進めます。今回は給食などの交流を推進していた幼稚園の子どもたちに一対一でインタビューをして、好きな献立を調査しました。その結果と育てた野菜をもとに、栄養教諭の先生と調理員さんと相談して、献立を決定しました。収穫量もしっかりあり、買い足したのはジャガイモだけで済みました。

二〇〇六年度第三回目は、卒業間近ということもあり、六年生に「もう一度給食で食べたい献立アンケート」を実施しました。いつものように、その結果をもとに献立を決めましたが、大根が大豊作だったので、漬物を作って、献立に添えることにしました。

二〇〇五年の三学期に初めてできたオリジナル献立は、二〇〇六年には学期ごとに一回ずつ実施することができました。その後、校舎改築のため、畑がなくなる二〇一一年まで続きました。毎回の反省を活かしつつ、セレクトデザートといった新しい企画も取り入れながら。野菜作りは自然が相手のことなので、天候や草、虫といった突発的な問題が起こり、大変なことが多いですが、実は、その虫や風や土や水に触れることで、私たちがエネルギーをもらえることに気づかされました。

(iv) 議案提案権の拡大—ボクらも児童総会を開こう—

第一回の委員会活動が始まったある日。私は運営委員会（児童会執行部）を指導していました。すると、体育委員会の武と大輔が息を切らして駆け込んできました。

武　児童総会を開いて欲しい

要領をえない武に代わって、大輔が言いました。

大輔　僕ら体育委員会でウォークラリーがしたい。全員参加でやりたいので児童総会を開いて欲しい

運営委員はこんなことは初めてだったのでびっくりしていました。あの分担された仕事以外はしない、

資料⑭

全《ぜん》校《こう》ウォークラリー

提案者　体育委員会

中村　後とう　中島
堀川　平田　西川
北村　ロバート　おくしま
太田
ピーター

1、日《にち》時《じ》・6月《がつ》28日《たち》・月《げつ》曜《よう》日《び》
2、時《じ》間《かん》　13:15～14:35
3 場所……グランド～島《しま》町《ちょう》内《ない》
4 めあて
(1) 1年生～6年《ねん》生《せい》の人《ひと》たちと仲《なか》良《よ》くなるため。
(2) 島の自然を楽《たの》しむ。
(3) 年下の人にはやさしくする。
5、方《ほう》法《ほう》
(1) 全《ぜん》校に出《で》てもらう
(2) 12チームを作《つく》る。(体《たい》育《いく》委《い》員《いん》を除《のぞ》く)
(3) 一グループは10人《にん》でグループを作《つく》る。
(4) 一年《ねん》生《せい》から6年《ねん》生《せい》を一人《ひとり》は入《い》れる。
6 役《やく》割《わり》・体育委員会の人《ひと》が中《ちゅう》心《しん》になってそれぞれの仕事をする。
7 ウォークラリーの道《みち》
(1) 道がわからなかったら地《ち》図《ず》を見《み》てすすむか
クイズの所《ところ》に立《た》っている人《ひと》に聞く
(2) チームに一枚紙をもっていってクイズの答《こた》えをそこに書《か》く。(わからなかったら書かなくてもいい)
(4) クイズがある所《ところ》には体《たい》育《いく》委員の人が立《た》っています。クイズの所では一年生の人にも答えさせてあげてください。
(5) 問題は個あるので順《じゅん》番《ばん》に一《ひと》つ一《ひと》つクリアしていってください。
8 注《ちゅう》意《い》(1) ぜったいけがをしないようにして、5、6年の人が低《てい》学《がく》年の人《ひと》を見ていてください。
(2) ほかのチームと話し合ったりしないでください。
(3) 車とかにきをつけてください。(4) 走らないでください。
9 持ち物・お茶は、もっていってもよい。
えんぴつなど ケシゴム等

—66—

めんどくさがりだった大輔が下見を繰り返し、綿密に計画したことは私たちを驚かせました。教職員はこの子たちの決定に、この行事を実行するために五時間目、一時間の保障をすることにしました。これが運営委員会や教師以外が児童総会を開いた最初になりました。六月下旬、大輔たちが中心になって全校ウォークラリーを成功させました（資料⑭参照）。その後も、保健給食委員会が牛乳パックのリサイクルの取り組みや、環境委員会が廃油回収でバイオエタノールを作る取り組みで児童総会を開き、議案提案権の拡大がみられるようになりました。

コラム③「何でも言える学校時代に自分を出しまくって」　堀川大輔

今から一六年前の事だから断片的な記憶しか残ってないけど小学校の事は六年生、植田先生担任の時が一番パンチの効いた一年間だったことは僕の中では間違いない事だ。何回もケンカしたような気がするし、先生が言う事言う事全てに対して反抗してたと思う。今思っても本当に悪ガキにも程があるくらい。でもなんでそこまで反抗してたのか理由は覚えてないけど、一つ一つの出来事やマナー、ルール、決められた事、に対して、なんで？　という疑問とかなんで先生や大人の言う事を聞いて守らなければいけないのかって思いがあったんだと思う。まあその中には自分の都合のいいように考えてたこともあったと思うけど。

ウォークラリーの事はなんか頑張ってやってたような記憶はある！　でもそれが凄い事なのかな

んて全くわからなかった。楽しかったのは覚えてる。みんなで作り上げた達成感というか、やっててわくわくもしてたと思うしね。とにかく楽しい事が好きやし、したかったから。あー、あと当時は自分の意見や考えを押しつけたり、それが通らなかったらすぐ切れていたかも。好き勝手やりまくってとんがってツンツンしまくってた。まあその辺は先生の方が覚えてそうやけど……。いやー、本当にごめんなさい。でも、なんやろう、いろんな事に対して無関心ではなかったと思う。今の小学生や中学生、教育がどうなってんのかはわからんけど生徒も教員もなんか生きづらそうだなぁって。社会人も同じか。そこには複雑な問題がいっぱいあるんやろうけど、なんていうかもっと自由に楽しく人の目なんて気にせずやりたい事をやった方がいいとおれは思う。勿論人が持ってる道徳心は忘れちゃあいかんけど。

地元の友だちはちゃんと就職して結婚して頑張って生きてるけどおれは二七歳になった今でも楽しい事しか追い求めてない（変な目で見られる事もあるからそれが良い事なのかどうかはわからんけどね）。でもみんなも中学生になるくらいまではそうだったんじゃないかなぁ。小学生なんてただただ毎日今日は何をして楽しむか、遊ぶか、それくらいしか考えてなかったんじゃないかな？　それがだんだん年齢重ねて、くだらない社会の常識とかマナーとか面倒な事をいろいろと強制的に覚えさせられていく。そうなっていくと今度はなかなか自分の意見を言えるタイミングなんて回ってこない。特に日本社会では。だから、なんでもできる、なんでも言える学校時代に自分を出しまくっていったらいいのになーって思う。（後略）

第3節　学級発Openな係活動、「WING」の誕生—多様な子ども参加の取り組みの展開—

二〇〇五年また、六年生の担任になりました。今年もどんな委員会を作るか六年生の学級で討議が始まりました。子どもたちは新聞委員会を作ろうと考えていました。彼らは進学先の中学校が出している「日刊生徒会新聞」(2)に憧れていました。私の中では委員会として立ち上げた方がよいか迷いがありました。なぜなら、数年前に新聞委員会は「一ヶ月に一回書かされる新聞」と、一番やりがいのない委員会になっていたからです。日刊新聞は学級で担当しないと実現は不可能だとも思っていました。しかし、運営委員会の原案作りは進み、新聞委員会の新設が原案に盛り込まれました。総会では、学級の討議を経て六年の発案で盛り込まれた新聞委員会に六年生が修正案を出して、やっぱり学級の係活動として位置づけることを提案する、というおかしなことになりました。ここで、教職員から、もし新聞委員会に入りたいという四・五年生が居

資料⑮

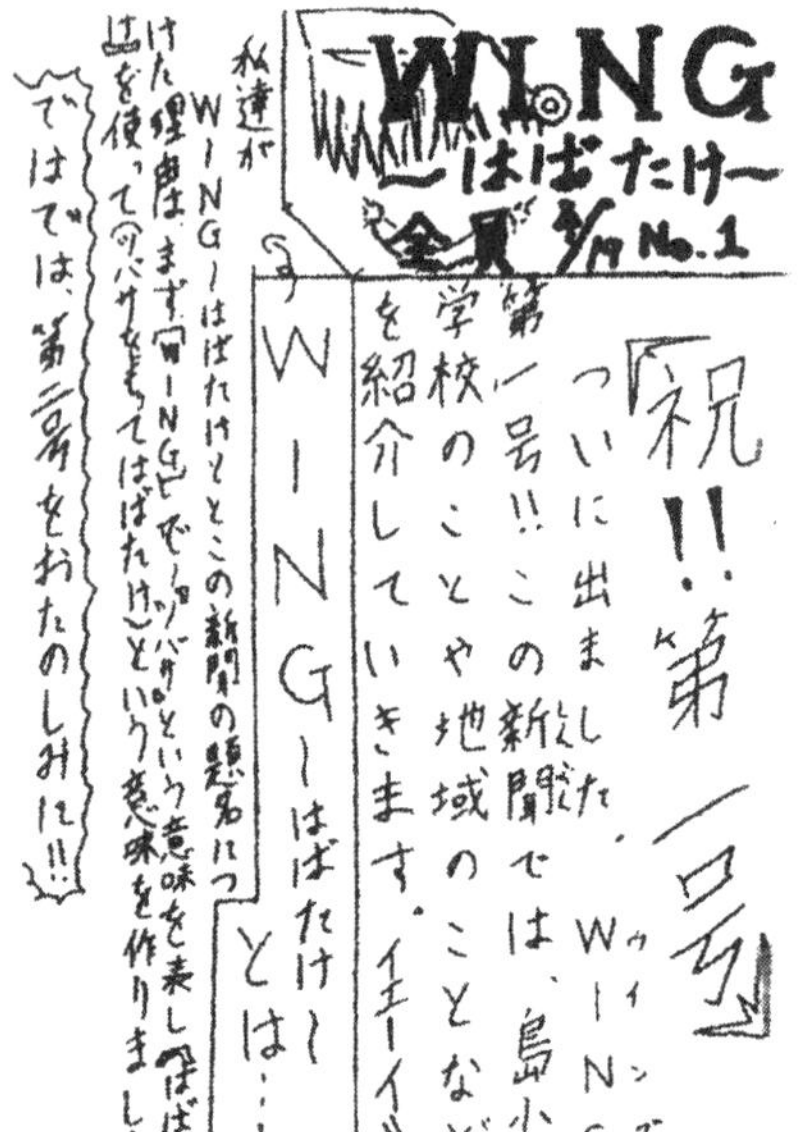
WING はばたけ〜 5/17 No.1

祝!!第一号

ついに出ました この新聞では、WING《ウィング》 島小学校のことや地域のことなどを紹介していきます。イエーイ!!

WING〜はばたけ〜とは…

私達がWING〜はばたけ〜とこの新聞の題名をつけた理由は、まず「WING」で「ツバサ」という意味を表し「はばたけ」を使って「ツバサをもってはばたけ」という意味を作りました。

ではでは、第二号をおたのしみに!!!

たら六年生は受け入れることという条件が出されました。六年生もこれを了解して、六年生の学級の係活動と言う位置付けになりました。そして、いよいよ他の学年から新聞活動をしたい人はないか聞く場面に入りました。六年生の多くは六年生ばかりの中へ下学年は誰も入ってこないだろうと、たかをくくっていました。しかし、五年生の歩美は確信に満ちた表情で、手を上げて加入を希望しました。ここに、島小初のＯｐｅｎな係活動が始まることになりました（資料⑮参照）。

名前は日刊新聞「ＷＩＮＧ　はばたけ」。メンバーは五年生一人、六年生男子一人、六年生女子六人の合計八人。書く順番を決めて、印刷して、全校へ配る。子どもたちは生き生きと取り組みました。

＊きのう、係を六年生で決めて、ぼくは新聞係になった。そして、新聞を書くのをまかされました。どんなことを書こうかなと思っていました。でも、学校の帰りとかに桜とか見て、それを書きました。早くぼくの書いたのが出てほしいです。（郁弥）

＊きのうぐらいから、新聞係が始まった。（全校に広めるなんてすごい）と心の中で思ってる。私も仕事がある。私はどんなこと書こうか迷っています。私が書いたものを全校に広めるって、ちゃんと頑張らないといけないな。

一年生紹介、お誕生日紹介、六年生の学習活動、委員会活動の紹介、各学年の行事の紹介、季節の移り変わりなど、記事は多岐に渡りました。この特別な係活動は、六年生にとっては学級の係活動と同じように、班替えごとに六年生の社員が決まります。しかし、六年生以外は六年生の社員が全校に向かって「日刊新聞WING新聞社」の社員を募集することになります。初めての社員の入れ替えで、六年生ただ一人の男子は抜け、新たに三人が参加しました。さらに、四年生の男子が三人参加して、合計一三人の大所帯となりました。ただ一人抜けた郁弥は六年生の肇と一緒に「ビオトープ株式会社」を設立しました。そのことを「WING」は「郁弥君、やりたいことが見つかって良かったね。卒業おめでとう」と書きました。創刊から四年、二〇〇八年一二月で「WING」は五〇〇号を達成しました。

「ビオトープ株式会社」は二つ目のOpenな係活動として登場し、「WING」に募集広告を掲載し、三年生から五人の新入社員を受け入れていました。六年生の教室で開く会議で六年生の誠が音頭をとって、「ビオトープ株式会社」のマスコット「ビオゾー」を口伝えで教えている姿がありました。

コラム④「自信がつき行動を起こせるようになった」坂　歩美

島小のできごとで、一番印象に残っていることは、「日刊新聞WING」に携われたことです。「WING」は、初めは学級（＝学年、学年単学級　著者注）の一つの係でした。当時の六年生が、学校全体で日刊新聞をしたい、一緒にやってくれる人を探していると児童総会に提案があり、その時、当時の五年生が「私もやりたい」と手を挙げたことがきっかけで、学級を越えた係活動となり、島小の日刊新聞が誕生しました。その時、手を挙げた五年生というのが私です。「なんか楽しそうだな。新しいことは、わくわくするし、挑戦してみようかな。文章を書くのは好きだからやってみようかな」という気持ちで手を挙げたのを覚えています。私に続いて他の学年の子たちも次々入って来てくれてうれしかったです。

記事の内容を決めて、休み時間に取材をして、記事を書いて、印刷を先生にお願いして、自分の記事が初めて全校に配られたときのことは、今でも忘れられません。ただ単に学校のニュースを伝えるだけでなく、学校を自分たちでよくしていくために、どういう記事がよいか、どういうテーマで記事を書いたらよいか、何を伝えたいか、どうやったら伝わるのか、とても悩んだのをよく覚えています。「ＷＩＮＧ」を続けていくうちに、私たち自身が一から内容を決めて、記事も全部書いていくというようにするからこそ、伝わるものがあるのだということが分かっていきました。

学級を越えた係活動ということで、「ＷＩＮＧ」は一年から六年まで誰でも入れる係となりました。委員会やクラブ活動というのもありましたが、それには四年から六年までと制限がありました。「ＷＩＮＧ」では委員会やクラブで関われない人たちと関わることができました。みんなで記事の内容を考えたり、取材に行ったりして多くの人たちと関わることができたのは、学級を越えた係活動だったからだと思います。

島小には、それまで、学級を越えた係活動はありませんでした。ですが、「ＷＩＮＧ」をきっかけに他にも「音楽係」「ビオトープ係」などの学級を越えた係活動ができました。委員会やクラブ活動ではできないけれど、係活動ではできるのではないかと考えることができるようになり、「Ｗ

ＩＮＧ」をきっかけに一人ひとりがやりたいことが実現できる環境が増えたように思います。私自身も勇気を出して、あのとき手を挙げたことで、「ＷＩＮＧ」に入ったことで、自分自身に自信がつき、積極的に自分がやりたいことを言ったり、行動を起こしたりできるようになったと感じています。また、「ＷＩＮＧ」の活動は、さまざまな新聞やテレビ、雑誌に取材をしていただいたり、講演会で発表させていただいたりしました。自分たちの活動を多くの人に知ってもらえること、多くの人に伝えられることがすごく嬉しかったです。また、それに伴って「ＷＩＮＧ」は素晴らしいものなのだと改めて実感することができました。そのような機会を与えていただいたことにとても感謝しています。

以上のように、「ＷＩＮＧ」は、私に多くの学びや成長など大切なものを与えてくれました。「ＷＩＮＧ」に携われたことを誇りに思います。「ＷＩＮＧ」は私にとって宝物です。

第４節　教育条件整備に子どもの声を（事務職員　野村真紀）

毎年九〜一〇月に来年度の学校に係わる予算について、市の教育委員会との予算要求が行われます。大半の学校では、管理職と事務職員が相談し、事務用品の購入に係る予算から施設修繕に係る予算までの書類を作成していましたが、職員室での会話で、「子どもたちの声を聞いてみたらどうだろう」という話になり、子どもたちからどのような要望が出てくるのかも興味深かったので、子どもたちへのアンケートを実施することにしました。

島小学校の校舎内すべての教室について記入してもらえるアンケート用紙を作成しました。記入箇所が多いので、アンケートは高学年で実施することにしました。

アンケートを回収するまでは、実現不可能な事が記入されてくるだろうと予想していました。回収されたアンケートには「流れるプールにしてほしい」「ジェットコースターがほしい」と子どもらしい意見も記入されていましたが、たくさんのアンケートを見ていくと、予想とは大きく違いました。

子どもたちの要望で多かったのは、「図工室をきれいにしてほしい」「ウサギ小屋をなおしてほしい」でした。後で増築されたプレハブの図工室は床や壁がこわれているところがありましたが、毎日使う教室ではなかったので、多くの子どもたちがそのような思いを持っていることに驚きました。ウサギ小屋についても、ウサギをとても大事に世話をしている子どもたちの強い思いに気づきました。他にも「音楽室のドアをなおしてほしい」との声がありました。今まで修繕が必要だという報告はなかったので、音楽室まで確認へ行き、入り口のドアを開けてみました。開けることはできましたが、スムーズには開けることはできません。少し力を入れれば開けることができるので、大人にとっては気になることはないのですが、子どもたちにとっては、強く力を入れなければ開けることができず、気になるドアになっていました。

アンケートの集計を予算要求資料に含めて作成しようと思いましたが、含めてしまうと子どもたちの思いが伝わりにくいと考え、管理職と相談し、子どもアンケートを集計し、予算要求資料に付け加えました。学校として作成する予算要求の資料と優先順位は少し異なりますが、多くの部分で同じ要望が挙げられていました。市の教育委員会との来年度予算についての話し合いで、学校と子どもからの要求事項について修繕可能かどうかを確認していきました。

子どもアンケートを数年実施すると、子どもたちがしっかりと自分たちの学校を見ている事がわかりました。子どもは変わっても修繕してほしい部分については、子どもたちからの要望がなくなることはありませんでした。数年分の子どもアンケートの集計も予算要求資料として提出しました。

何年も子どもアンケートで上がっていた要望事項の中に「蛇口を増やしてほしい」という要望がありました。子どもたちから「使用する時間が重なるので、蛇口が少ないので困っている」との多くの声があり、学校としても手洗い場の増設の要求をすることにしました。しかし、手洗い場の増設となると多額の費用が必要となるので、実現は困難なのではと思っていましたが、市の教育委員会へ伝えると、手洗い場の増設ではありませんでしたが、現在設置されている手洗い場の蛇口と蛇口の間に新たに蛇口を増設してくれることになりました。

市の教育委員会との話し合い後、子どもアンケートの返事を作成しました。自分たちの学校の事、全校児童の事を思って書いてくれたアンケートの声にできるだけ返事をしました。できることできないことだけでなく、「鉄棒に色を塗ってほしい」という学校でできそうな要望については、「鉄棒に色を塗ってくれる人募集します！」と返します。すると、すぐに数人の子どもが塗りたいと手を挙げてくれました。どんな色を塗るのかは子どもたちが決め、昼休みの時間に作業する事が決まりました。数日かけて塗りおえた鉄棒は、業者がしたような仕上がりではありませんが、見てるだけで楽しくなるとても素敵な鉄棒になりました。その他にも「ブランコの水たまりをなおしてほしい」という声にも子どもたちが手を挙げてくれて、水たまりの部分に土を入れて固めてくれました。

子どもアンケートを通して、自分たちの学校を良くしたい、自分たちの手で良くしていこうという思いに気づきました。大人では気づかない部分がたくさんあるので、毎日学校生活を送る子どもたちの視点こそ必要だと思いました。

第５節　学校の仕組みも管理も、子どもたちが決める

第１項　子どもたちの要求を大切にして

私が島小学校に赴任した一九九九年ころ、六年生の担任を希望する人はあまりいませんでした。その原因が負担の大きさにありました。その負担の一つが「全校縦割り遊び」でした。毎週水曜日六年生が計画して一年生から六年生までの縦割りで遊ぶというものでした。六年生には少々のやりがいはあった

ものの、多忙で、低学年のお世話が中心で自分が遊ぶというものではありませんでした。縦割り遊びが中止になると、四年生や五年生からは歓声が上がっているような状況でした。この遊びは一年中心の遊びで、自分たちは思いきり遊べないからでした。

こんな子どもたちの要求を大切にして「縦割り遊び」廃止を提案しました。その代わりに月、水、木の週三日、今までより一五分長い四五分の休み時間にすることを提案しました。長い休み時間の中で自然に異年齢交流が進めばと考えました。この時、全校集会を開いて子どもたちに説明したのをはっきり覚えています。

日課表についての提案を子どもたちに説明したのには理由がありました。長い休み時間にする代わりにいくつかの約束を設けなければならないからでした。それは、

i 給食調理員さんに迷惑がかからないように一時三〇分までに食器などを返す
ii 掃除の開始時間を守る
iii 時間いっぱい掃除する

の三点でした。この約束への意識を高めるためにも、子どもたちへの提案が必要になったのです。

第2項　子どもたちの生活が見えてくる日課表の討論

この子どもたちの日課表の討論の中で、興味深いことが話し合われました。四五分休み時間の提案すると、五年生が反対の意見を述べました。反対理由は「四五分に休み時間を延ばすくらいなら、その分早く家に帰らせてほしい」というものでした。子どもたちのこの意見は、みんな賛成するかなと思っていた教職員を驚かせました。そして、「学校って子どもたちにとって、一刻も早く帰りたいつまらないところなのか」と教職員を落胆させました。

しかし、この意見に対して、六年生が討論に立ったのです。「ぼくは、四五分の休み時間に賛成です。学校から帰ると習い事や塾があってなかなか友だちと遊べないのです。学校にいるうちなら友だちと自由に遊べるから休み時間は長い方がいい」この六年生の意見は子どもたちの共感を呼び、賛成多数で四五分の休み時間に決定したのです。この討議の過程に子どもたちの生活がにじみ出たのです。これが、日課表のような学校管理の問題を話し合って決めた最初でした。提案をうけ討議した分、三つの約束は子どもたちのものになりました。

第3項　時間を守るのは君たちだ

その後も、管理の問題の決定に子どもたちが参加することは、私たちを驚かすほどの力を発揮しました。新しく赴任した校長が日課表の変更を提案したとき、教職員から「子どもたちと一緒に決めたのですから子どもたちの了解がいります」という発言がありました。児童総会でいろいろなことを決定してきた力が、こんなふうに出てくるとは思わなかったので内心うれしい思いでした。校長からの主な修正点は五・六時間目の一〇分延長と四五分休み時間の五分前予鈴でした。さっそく児童総会が開かれ提案されました。子どもたちが問題にしたのは五分前予鈴でした。

これでは休み時間が五分減るのと同じだと思った六年生は、校長提案に対して「三分前予鈴」という修正案をぶつけてきました。「ぼくらはチャイムが鳴って三分以内に運動場の隅にいても帰って来られます」と堂々と意見を述べました。修正に対する賛成反対が拮抗し、挙手採決に持ち込まれました。結果は五五対五三で修正案可決。歓声が上がりました。子どもたち自身が「時間は自分たちで守る」と宣言した瞬間でもありました。

第4項　ピカピカ週間　掃除の取り組み

掃除の問題でも、児童総会を開きました。子どもたちの現状を教職員で話し合い、子どもたちの掃除についての課題は何かを話し合って、取り組み内容を決めます。毎年やっているからピカピカ週間をやりましょうというのではなく、そこに取り組まないといけない子どもたちの現状があるから取り組むということです。そして、当たり前と思われていることでも、子どもとの討議の上でやると、子どもたちの取り組む意欲が違うのです。

掃除の児童総会を受けて学級で話し合いをもちます。六年生では班長会が中心になって学級の取り組みを提起します。その中で今までは掃除をさぼっていた子が真剣に取り組みだしたり、いつもはだらだらと掃除していた教室はみんながちからを合わせることで見違えるような教室になっていきます。何より大事なのは、集中してみんながちからを合わせて取り組むと気持ちがいいということを体験することでした。それを実感していると、取り組み期間が終わっても掃除に一生懸命取り組むようになり、定着していくのです。

第5項　子ども参加と教師集団の子ども観

忙しいなか、このような取り組みができるのは、子どもたちの笑顔や成長に出会えるからです。子どもの参加を促し、子どもたちの決定を尊重して、行事やその他の日常生活を運営していくと、子どもたち自らが力を出してくれます。そして、子どもたち自身の存在感が高まります。私たち教職員は「ビシッとやればいい」とか「子どもの意見を聞かずに大人の言うことをきかせることもあるはずだ」と言われると揺れることがあります。時間がないなか、子どもの意見を聞くことは、とても時間がかかり遠回りになり、すぐに結果がでないこともあります。しかし、私たちは行事や取り組みごとに成果と課題を明らかにし、その中で、子どもたちが参加し運営に関わったときの素晴らしさを何度も確認してきました。六年生の子どもたちはその後、道徳・総合学習で「子どもの権利条約学習」をしました。その中で、このような取り組みを始める以前に在校していた先輩に自分の小学校時代を語ってもらうコーナーを作りました。子どもたちは先輩の話を聞いて、今の小学校の生活を以下のように捉えました。「私たちは今、児童総会を開いて、やりたいことを言い合って、先生たちが考えてくれる。それが当たり前だと思っていた。でも、昔は決まったことだけしかできなくて、私たちは幸せだなあと思いました」「楽しい行事もなかったし、今みたいに言ったことを実現させてもらえることもなかったらしい」「私にとって、今の島小に『四五分休み』があることが嬉しい」。

教師集団はその後も「子どもの権利条約」の学習を進め、それぞれの持っている子ども観をすりあわせながら、その精神をどこまで学校現場で生かすことができるかを子どもたちの実態や父母の教育要求をもとに検討し続けました。

注

(1) 大中牛は校区にある琵琶湖の内湖の干拓で生まれた農業の盛んな地域大中で肥育された牛からとれる肉を指す。大中野菜も同様、大中の地域でとれた野菜を指す。

(2) 八幡中学校日刊生徒会新聞「輝け八中みんなの学校」のこと。当時五千号を越えて発行されていた。

第6章

子どもの権利憲章が描く世界と道徳教育

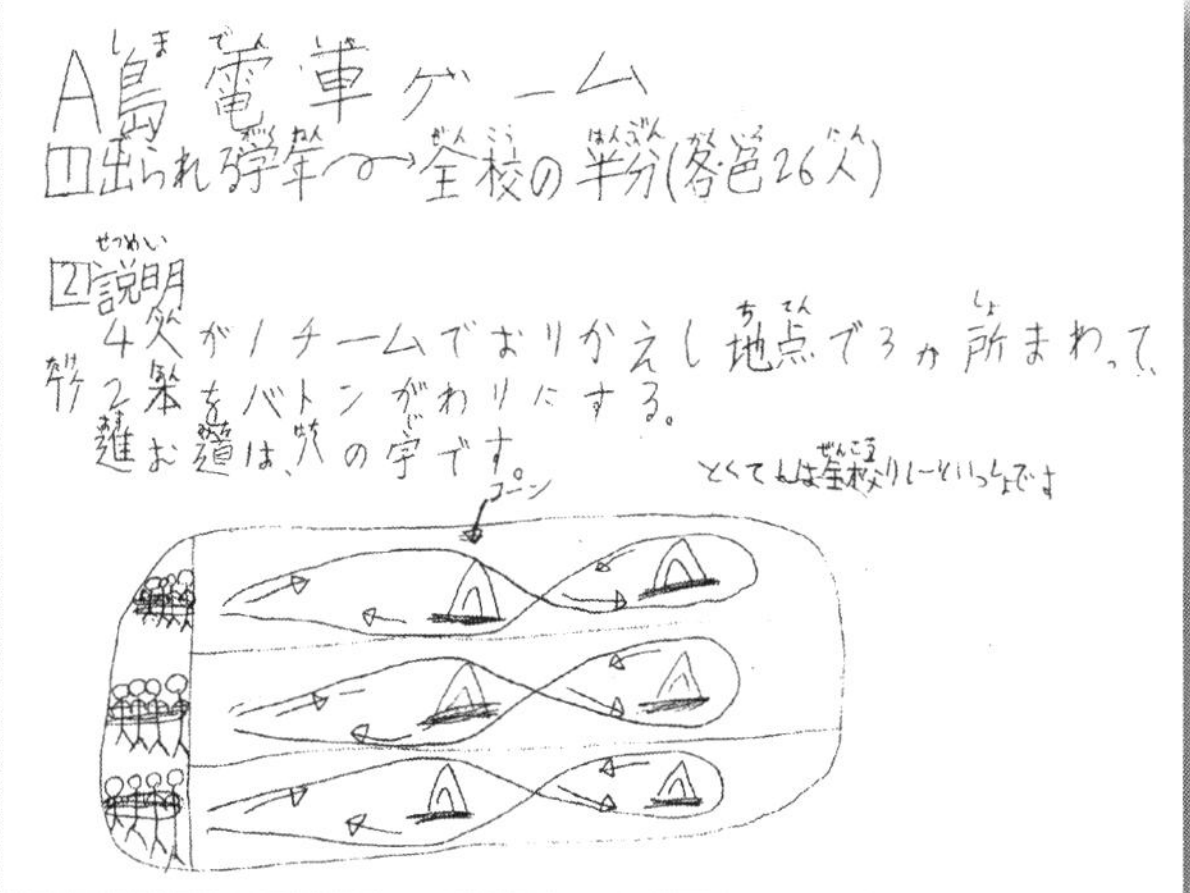

運動会の児童会種目「島電車ゲーム」

近年、子どもたちの「規範意識のなさ」が叫ばれ、それが教育改革・教育再生の必要性の一つの柱になっています。世間は子どもが権利を口にすると「権利ばかり主張して、義務を果たしているか」と言います。そして、道徳の教科化という事態を引き起こしています。そこで、子どもたちが権利を主張すると生活はどのように変わっていくのかということをイメージ豊かに描き、そのような生活の仕方と道徳教育の関係について考えてみたいと思います。

島小では、子どもが一から作る行事や委員会活動、学級を越えた係活動などが活発に行われ、子どもたちが学校の主人公になっていました。そして、島小では憲法・子どもの権利条約をもとに「子どもの権利憲章」も作られました。その憲章が子どもたちの中にどのように生まれて、子どもたちと憲章がつくり出してきた世界がどのようなものだったのかを探っていきたいと思います。

第1節　子どもの学校通信簿

島小には子どもの学校通信簿があります。よく学級でやる先生の通信簿の学校版と考えるとよく分かると思います。学校評価の中で、学校を構成する子ども、保護者、教師の評価を大切にして次年度の学校づくりをしていこうとする議論の中から生まれたものでした。評価項目には「学校へ来るのは楽しいか」とか「島小には自慢できる学習活動があるか」などの保護者と作った共通項目から、「一年間で一番楽しかったことは？」「一番いやだったことは？」「心に残る授業は？」など教師の作った項目、そして、その年度の運営委員が聞きたいことから作った項目がありました。すでに述べてきたように、この通信簿は運営委員が集計し、結果は委員会活動の改変など次年度の学校生活に活かすようにしてきました。

第2節　島小子どもの権利憲章の誕生

第1項　子どもの学校通信簿が生み出したもの

六年生を担任したある年。そこでエネルギッシュな子どもたちと私の間ですれ違いが起こり、子どもたちの少々の荒れに出会いました。三学期に入って子どもの権利条約の学習を進めているときに、六年生の運営委員は最後の仕事として、毎年やっている「子どもの学校通信簿」の集計に取りかかっていました。集計をし出すと「何これ！　六年生に対する文句ばっかりやん！」と驚きと怒りの声を上げました。集計が進むに従い、一年や二年のたくさんの子が「体育館の使用割り当てを守らない六年生はイヤだ」ということを率直に書いていることが分かってきました。他にも「いじめられた」とか「たたかれた」とかいろいろな苦情が書いてあります。それを前に、はじめは怒りだったものがしだいに困惑にかわっていきました。「これをどうしたらいいか」「このままでは卒業できない」という思いがわき上がってきたようでした。

そこで、考えあぐねた末に、思い出祭り（六年生を送る会）の返礼の機会をうまく利用して、在校生の前で謝ることにしようと運営委員の女子たちで内々に作戦を練りました。何度か提案しても今さら謝るのはいやだ、謝るのははずかしいという思いから男子にはねつけられましたが、とうとう、男子の了解を取り付けました。そして、いよいよ誰が言うかを決めるときがきました。担当の四人は大輔、泰斗、悠、沙也香。悠は文案の作成者。いつも通り、ジャンケンが始まりました。代表して言うのは大輔に決定。大輔も覚悟を決めました。子どもの学校通信簿から子どもたちの一つのアクションが生まれた最初の出来事でした。

第2項　子どもの権利憲章の誕生

その間、何度か集まった運営委員会の中で、運営委員長の山本望が「島小子どもの権利条約を作りたい」と発議してきました。その理由は、やはりこの子どもの学校通信簿の集計作業の中にありました。山本は「みんなにいやがられたまま、こわい人たちやと思われたまま卒業していいのだろうか」という疑問と、最後に自分たちが残せるものはないかという思いから発議したとのことでした。そして、何より、「あの人たちがいてよかったなあ」と思われるようになりたいということでした。

作りたい理由を書き上げた山本は、社会科の資料集を取り出し憲法学習のページを開けて、憲法を参考に前文を書き出しました。「私たち島小の者が本来望む事は、みんなが仲よく助けあい『自由』というおたがいの権利を尊重しあい、また、『自由』のもたらす恵みを全学年にわたって確かな物として…」と書き続けました。条約は国と国との約束事なので少し難しいということで「憲章」という言葉に置き換えました。沙也香は「憲章に～しなければならないがよく出てくるがそれはいやや」と言いました。そこで、憲章の条文は「島小の子どもはどの子も楽しく生活できる」といったふうに書かれていて、沙也香も「これならいい」と言ました。憲法学習はていねいにしたものの、子どもの学校通信簿に書かれた六年生への苦情から憲章を作ったことや、島小の仕組みを憲法の仕組みの中で考えていたことに正直驚きました。

しかし、山本は卒業を前にして四日間、インフルエンザで学校を休んでしまいました。その間に、この問題を学級のみんなで考えることにしました。山本の草案を学級全員の前で読むと「先生が考えそうなことやな」「ほんまに子どもだけで考えやったたん」と反応が返ってきました。「ほんまに、山本さんが考えついて、はじめから考えやったたん」と返すと、感心している様子でした。少し事情を話したあとに、この前文の次にどんな条文をのせたらいいか、みんなで考えることにしました。次のような条文が出てきました。

☆島小の子どもは一年から六年まで平等である
☆この島の自然を大切にする権利がある
☆島小の子どもは講師を呼べる権利がある
☆子ども中心でいいが決めるとしてもせめてみんなの意見を聞いた方がよい
☆一人一人意見を出し合う権利（児童総会を開く権利）がある

第一条
どの子どもも楽しく生活する権利がある。
第二条
島小の子どもはしっかりと学習できる権利がある(まわりの人からじゃまされて学習できない人とかいるしじゃまされずに学習できる)
第三条
島小の子どもは1年〜6年まで全員平等である。
第四条
この島の自然を大切にする権利がある。
第五条
島小の子どもは講師を呼べる権利がある。
第六条
一人ひとり意見を出しあう権利がある。
第七条
自分が児童総会を開く権利がある。
第八条
島小の子どもはみんなと遊ぶ権利がある。

資料⑯

島小子どもの権利《けんり》憲章《けんしょう》

作りたい理由

◎ なによりの理由は子どもの学校通信簿を集計していて「6年生にいじめられた」とか「低学年の日やのに6年生が使ってやる」とか「いやなことをいわれた」「たたかれた」など六年生についての事がたくさん書いてあって「こんなにみんなにいやがられたまま、こわい人たちやと思われたまま卒業していいのだろうか？」そう思ったのです。最後に島小に残せる物はないか今、6年生は二階のトイレにも絵を書こうと計画したり学校そうじ計画を考えたりしてがんばっています。その一つとしてこの憲章を自分たちのいる間は守り改善していき、この6年生が少しでも『あの人たちがいてよかったなぁ』と思われるようになりたい。少なくとも私はそう思います。

◎あと、このごろ体育館のわりあて、土足の区別、休み時間の区別、やくそくがあやふやになってきています。そういうやくそくがまだはっきり分からない一年生などにそして全校にやくそくをはっきり出して分かってもらいたい。

前文

私たち島小の者が本来望む事はみんなが仲よく助けあい『自由』というおたがいの権利を尊重しあい、また『自由』のもたらす恵みを全学年にわたって確かな物としけっして「いじめ」「仲間はずれ」「暴力・言葉の暴力」などでおどしたり解決したりせず島小の伝統とも言える「児童総会」や「話し合い」を解決の方法にする。初どんな子でも意見を出し合い子どもの力・先生の力を両立しながら一人一人が楽しい学校生活を送れるように時には力をあわせ努力する。

◎島小のしくみ◎

六年生で学習した『憲法・子どもの権利条約』を生かして島小バージョンを考えてみました。

内閣 ➡ 運営委員会（今年の場合は体育委員）

・おもな仕事・

総会を開く。

総会で決めた事は守る。そして実行する（子ども祭V&S、ウォークラリーなど）

総会を開く場合原案をかきみんなに聞いてもらい時には原案はちがうアイデアもとりいれる。

国民 ➡ 子ども

☆子どもが主役になって学校をつくる。

☆総会では自分の意見を直接言える

また原案でなっとくいかない場合みんなをなっとくさせられる意見が出せたらその意見に修整できる

☆自分たちが楽しく生活できるよう一人一人に権利がある。

直接民主制

国会 ➡ 児童総会

☆今、運営委員会や体育委員会、先生たちが総会を開いているが、新しいルールなどみんなに関係のあることだったら原案を書けば児童総会が開ける。

☆原案についての質問、意見は自由に述べられ総会で決まったことは必ず守る。

子ども中心の学校！！

☆島小の子どもはみんなと遊ぶ権利がある

そして、感想として「僕らはもう卒業だから、ちょっとだけど、それまでにできることはしたい」という感想が寄せられました。

卒業式が終わり、教室で最後の話をしました。「君たちに卒業式の呼びかけ案を作るために、ふり返って作文を書いてもらったことがある。その中の一文に『いたずらをして回ったことが一番楽しかった』という意味のことが書いてあった。こんな文が卒業式の呼びかけとして入る学校にしたい」。また、「あなたたちには『意見は言う。しかし、言ったことには責任（関わり）を持つ』そんな生き方をしてほしい」と語りました。最後に、「みんなで作った憲章を後輩たちに伝える」ことを約束しました。そんなことを伝えたのは学校本来のあり方というものはどんなものなのかを、やんちゃな六年生とともに過ごして実感したからでした。そして、「授業に集中する、これを第一にする」と規範的に書くより「島小の子どもはしっかりと学習する権利がある（まわりの人からじゃまされないで学習できる）」と言った方がいいし、このように言ったとき「権利ばかり主張して」という、よくある批判にも答えられるのではないかと感じました。

山本は卒業式から何日か経ったある日、学校で友だちに手伝ってもらいながら、「島小子どもの権利憲章」（作りたい理由・前文・仕組み・一条から八条まで）を完成させ、私に託しました（資料⑯参照）。子どもの学校通信簿、自分たちの姿のふり返り、謝罪、子どもの権利憲章の作成という流れを作り出し、そこへ憲法学習をつないでいった子どもたちの力に敬意を表したいと思います。それは、真の意味で「子どもの学校通信簿」が子どもの学校評価として力を発揮したことを意味していました。

第3節　この憲章で島小はよくなる

第1項　道徳・総合学習「先輩たちからの贈り物」―子どもの権利条約をくらしに生かそう―

次の年も、私は六年生の担任でした。道徳・総合学習の中でこの新六年生たちに先輩たちが作った「島小子どもの権利憲章」に出会わせたいと思いました。指導案では、子どもたちの実態、学習指導要領第三章道徳の内容からの引用、そして、主な題材として扱う「島小子どもの権利憲章」について書きました。指導計画は次の通りの六～七時間をかけた内容です。

一時間目、子どもの権利条約入門（自分から子どもの権利条約を見ると）

ユニセフカードを使って

＊自分の今の生活から一番大切な権利はどれ

＊自分の今の生活から必要ない権利はどれ

二時間目、それはどうして

三時間目、子どもの権利条約の中心になる権利はどれ
四時間目、島小学校と子どもの権利条約
五時間目、先輩たちからの贈り物
　＊特に制作理由に注目して
　＊その時の自分たちの生活も思い出して
六時間目、あなたたちはどうする

第2項　授業「先輩たちからの贈り物―あなたたちはどうする―」

五時間目まで授業を進め、子どもの権利条約の概要と島小との関係をとらえた上で、六年生になった子どもたちに、先輩たちからの贈り物「島小子どもの権利憲章」を示しました。特に「作りたい理由」に注目させるために朗読しました。ある意味で彼らには横暴に映っていた、いじめられたこともあった先輩（昨年度の六年生）が、こんなふうに自分たちのことをとらえ、こんなふうに行動していたことは、彼らに驚きを与えたようでした。そして、そこを出発点に、この贈り物を自分たちはどう受けとめ、どのようにしていくのか。子どもたちはそれぞれ作文に自分の意見を書き、自分たちなりに作り替えたい、付け足したいことを次のように表しました。

＊六年はやっぱり最後まで「こわい」と思われたくなかったんだな。そして、いろんな条文を作った

のかー、いろいろ考えついたのがすごい。憲章は付け加えて残したらいいんじゃない？　今後はできる限り増やさない方がいいかもしれない。（真理）

＊私は先輩たちはすごいと思った。この島小に権利憲章をつくり、後輩にまわす。これは他の学校ではあまりしていないと思うからです。私たち六年生はこの権利憲章にちょっと付け加えて下にまわす。これを繰り返すことにより、きっと島小がもっと良くなると思います。（幸）

＊「権利憲章」を見たときびっくりしたけど、考えてみると思いつくものだ。でも、こんなこと考えて、心を文に書き表すのは大変だったと思う。私はこの「権利憲章」を私たちだけで考えるよりも下学年に伝えたい。こんなに大切なものを六年だけで持ってるのはもったいない。（智子）

子どもたちが出した条文をまとめると、次のようなイメージになりました。

改正「島小子どもの権利憲章」草案（イメージ）

1、作りたい理由（略）

2、前文（略）

3、島小の仕組み（略）

4、条文

第一条　どの子どもも楽しく生活する権利がある

第二条　島小の子どもはしっかり学習できる権利がある（まわりの人からじゃまされて学習できない人とかいるし、じゃまされずに学習できる）
　＊島小はみんなと助け合って勉強する権利がある
第三条　島小の子どもは一年から六年まで全員平等である
第四条　この島の自然を大切にする権利がある
　＊島小の子どもは自然を観察できる権利がある
　＊ビオトープ会社みたいな自然を作る係などが自分でできて、自由に水を入れたりできる
　＊島小の子どもはビオトープが作れる
第五条　島小の子どもは講師（と先輩）を呼べる権利がある
第六条　一人ひとり意見を出し合う権利がある
第七条　自分が（みんなと）児童総会を開く権利がある
　＊島小は児童総会でみんなで話し合いをして、学校をいろいろ変えて、毎年、新しいことをみんなが作っていく（島オリジナルがある）
第八条　島小の子どもはみんなと遊ぶ権利がある
第九条　島小の子どもはＷＩＮＧのようにＯｐｅｎな係活動をする権利がある
第一〇条　島小の子どもは四五分の休み時間がある
第一一条　島小は好きなクラブを作って、子どもが計画して考える権利がある

第一二条　卒業した人は自由に来てもいい
第一三条　島小は先輩からの贈り物がもらえる

第3項　憲章をめぐる教職員の議論

これまでの実践をもとに、夏に教職員の学習会を開きました。

＊趣旨説明（教頭）…子どもたちが自分たちのことを振り返る一つの手段として子どもの学校通信簿を位置づけてきた。それは同時に子どもの意見表明権だが、原点に立ち返って学習をしていきたい。子どもの権利条約は国も批准しているし、県の指導もある。子どもの権利条約を学校でどのように生かしているか、県へ毎年報告もしている。子どもの権利条約を学校教育の中でどのように考えていったらいいか、理論的な学習はなかなか積めないので、この際積んで、日頃の子どもたちにどう対応していけばいいのか考えていきたい。

＊提案（植田）…「先輩たちからの贈り物—子どもの権利条約をくらしに生かそう—」と題して今までの経過を報告し、憲章の今後のあり方として三つの方向性を提案しました。

Ａ　恒常的なものを決める
Ｂ　毎年決め直す

C　草案なるものを二〇〇六年度版として提案はするが、それぞれの学年の発達段階や生活との関わりを大切に「それぞれの憲章草案作り」をやや遊び的に展開してみて、子どもたちが学校に対してどんな夢を持っているのかをつかみながら、その総体として徐々に構想していく

＊質疑・討論

T1（司会）…山本さんが子どもの学校通信簿から子どもの権利条約へと結びつけたところや何か行動してみようというときに、子どもの権利条約を取り出したことが素晴らしい。

T2…先生が言わなくてもできるのは島小の生活の積み上げ、彼女の持っているもの、彼女なりの自立。これをつないでいくことは大切やと思うけど学級への広がりは？

植田…憲章を学級通信で知らせたり、卒業を前にした下学年に算数や体育を教えに行く講師活動の中で、下学年への信頼感が生まれつつあったことも大きい。

T3…ふつうは守られているものと守られていないものはどれかという問いの立て方をするが、授業「先輩たちからの贈り物」の一時間目に必要・不必要という聞き方をしたのはなぜか。

植田…条約は国と国の約束だから、必要なもの不必要なものというのはおかしいしどれも大切だが、どれも必要だと言っても子どもたちにはわからない。だから、自分の生活に引きつけてみることで意味理解が進むのではないかと考えた。そしてもう一つは、自分に必要な権利を探して、カードを全部読む。こういうゲーム的なことを通して、全部に目を通させたいというねらいがあった。

T4…この学習の出発点はいいと思うが、どこかで条文は全部必要だと押さえないと、それぞれの生活が違うので考えが違う。この権利がどうしても必要な状況があるということを教えないと。

T4…子どもの権利条約は義務条約もある。第二条で言うと、教師はわかる授業ということかな。第四条の「自然を大切にする権利」は義務のようにも考えられるし。

植田…でもね。これを権利というふうにとらえた方がいいのではないか。「島地域には網の目のように水郷があって、王之浜まで行って水泳をしてた。弥生人は大中之湖を丸木船で渡って、長命寺までイノシシ狩りに来ていた。こんな島地域はすごいんや。こんな豊かな自然の中に私たちは生きる権利がある」というふうにとらえるとすごく豊かになる。自分たちもこの自然の守り手になるということも含めて考えるともっと豊かになる。

校長…第二条は「わかるまで教えて」ということにも言い換えられるし、文章化するのは難しい。また、第一〇条は四五分とか方法まで書くと制約を受けてしまう。四〇分にしなければならないときもある。学習指導要領も変わる。申し送りにして、その年によって変わるものにしたい。子どもたちが変わると全然違う。年々変化していく。何を大切にするか、で学習をどのように進めるかですごく変わってくる。

教頭…子どもの権利条約と子どもの学校通信簿は、子どもが子ども自身のことを振り返る自己評価的なものだと思っている。一方的に教師や保護者が評価するのでなく、意味あるものだと思っている。しかし、そのことが憲章にどのようにつながっているのかという点で教師が勉強不足だと思う。子どもの権利条約の学習で、どんな子どもを育てるのかと考えると次の四つの切り口がある。

ア、自分の生活を基盤をもとに考える

イ、世界の国々の学習（社会科）に活用する

ウ、道徳に関連づける

＊自分と比べてどうなのか（日本と外国・自分と友だち）

＊自分はどうなのか、友だちはどうなのか（他者理解の契機）

エ、一二条、子どもの意見表明権をもとに考える

教頭…これらの切り口をもとにして、子どもたちが自分たちの願いを形成していくために、どんな学習内容を盛り込んだらいいのか。ねらいをどこに置くかによって対象学年も変わってくる。ア、ウやエから切り込むなら全学年でできる実践になる。例えばウの課題で考えると、憲章四条「島の自然」について島の自然を守る権利と義務が生まれる。昨年の六年が実践したように、大西さんをよんで「漁業と長命寺川の改修」「治水と水郷を守ること」など、いろんな人の考えがあるということを大切にするというところから学習を組んでもいい。

もう一つ提起したいことがある。子どもの思いを大切にするということに関して、どの範囲で大切にされるのか。特別活動の範囲ならどの活動についても大切にされると思う。例えばクラブ

活動について言うと、他の学校だったらあてがわれたところへ入るだけなのに、島小ではクラブを子どもたち自身で作っている。委員会活動についても子どもの権利条約が生かされている。しかし、子どもの生活・くらしを考えた時、子どもの思いだけでは、入るクラブや委員会を決められず、調整が必要なことが出てくる。こんな時に教職員が知恵を出して子ども参加を推進していく必要が出てくる。教師が学校をつくっていくとき、憲章の一三の条文について子どもや保護者と話し合わなければならないことがたくさんあるのではないか。「子どもの最善の利益」という名で、校則が教師の独善的な押しつけにならないように。例えば「体育の授業があってもなくても、朝から体操服に着替えさせる」ということになってはいけない。

植田…方法Cでいったらどうか。具体的な部分は申し送りにして…

教頭…当たり前のことだけど、そこへ子どもの思いをどうくみ取っていくか。子どもの権利条約は主体性を身につけるもので、自分だけのものでないその時のみんなにも思いが及ぶ。狭い意味でとらえないということが大切なのかと思う。

T４…授業「先輩たちからの贈り物―あなたたちはどうする―」の中の幸さんの意見のように、子どもが学校を良くしたい、六年生が五年生に良くしたいと伝えていく手段になる。みんなが一つになるきっかけになる。みんなで学校を良くしようと思うことはとてもいいことだと思う。他の人の人権を守ろうとすると、自分は我慢や努力をしていかなあかんなと分かっていけばええなーと思う。

校長…方法論はみんなで考えたらよい。

T1（司会）…Cの方法でやることにしましょう。

このように憲章について話し合う時間がもてました。

第4項　六年生と五年生

卒業式の前の日、六年生が学級を越えた係活動として一年間展開してきた「WING」とビオトープに動きがありました。なんと六年生が五年生から感謝状をもらって、それに応えているのです。両係とも、三月に最後の募集を迎えて、今まで少なかった五年生がたくさん応募してくれたのがその前兆で、心通わせるようなスムーズな引継が実現しました。ビオトープ係の五年生は「これから私たちがビオトープをキレイにしていく」と宣言し、日刊新聞「WING」は卒業式が終わった六年生の教室に、「WING」の卒業式特集号をそっと届けてくれました。私は思わず「こんなにしっかり者の跡継ぎができて、君たちは安心して卒業できるね」と語ったほどでした。これも島小子どもの権利憲章の取り組みで、かつてないほどの交流が実現したからに他ならないと実感しています。

第5項　卒業期に

彼らは、自分たちの言葉で作りかえた憲章を卒業式で正式に在校生に手渡しました。卒業式で六年生が後輩に贈ったものがもう一つあります。それは彼らが苦労して作った「後輩に贈る一冊のノート」です。それは六年たちが後輩に伝えたい島小のよいところについて書いたものですが、この中にも一年間取り組んだ「島小子どもの権利憲章」について書かれた部分があります。

＊島小学校には島小子どもの権利憲章があります。私は権利とは子どもにとって必要なものだと思います。島小にはこれがあるから児童総会が開けたりできます。その中で私が一番気に入っている条文は七条です。休み時間には外で遊んだり休んだりする権利があるからです。なぜかというと、休んだりということは寝ていても、本を読んでも、自分の好きなことをしていいからです。私はこんな素晴らしいものをくれた先輩はすごいなあと思いました。みんなにとって大切なものなのでみんなで大切にしてください。（直美）

＊六年生を楽しむならまず、小学校生活最後。だから、やりたいことはやって、くいを残さないこと。どんなことがあってもあきらめない心を持って、何にでも挑戦しよう！「ヤバイなァ…」と思ったら、憲章の第一三条を使って、みんなに助けてもらおう！　最後まで楽しめばそれでよし！　あきらめたらそこで終わりだぞ!!（由美）

第七条　島の子どもは、いろんな人と自由に楽しく遊んだり休む権利がある

第一三条　島の子どもは、一人で大変なとき、いつでもみんなに助けてもらい、最後までやりとげる権利がある（二〇〇五年版「島小子どもの権利憲章」より）

第４節　下学年から上学年に異議申し立てできる空間　―日常のもめ事を話し合いで解決する―

第１項　憲章の作り替え

次の年の六年生も卒業式で先輩から贈られた島小子どもの権利憲章づくりに取りかかりました。子どもの権利条約の学習からはじめ、先輩が作った憲章が自分たちの生活に合っているかどうか検討しました。原案を作るために、以下のようなことをしようと整理しました。①環境権（七条）を考える。（昨年の六年生からの宿題）②やさしい言葉に作りかえる。③条文の追加（八条）並べ替え。そして、憲章に「平和な島小の宝物」と名前を付けました（資料⑰参照）。

第２項　入れてくれやらへん

できた新しい憲章を児童総会に提案して討議・決定します。その児童総会で、憲章一条「島小の子どもは、楽しく生活できる権利がある」に関わって、三年生が発言しました。

三年男子が「五年生が『当て』に入れてくれないので、僕は楽しくない。僕だけ入れてくれない」と声を張り上げました。『当て』とはボール当て遊びです。

五年男子は「あんまり人数が多いとおもしろくない」と答えました。

これに対して三年男子は「グランド一〇周したら入れたる」「女の人に好きや言うたら入れたる」と

資料⑰

平《へい》和《わ》な島《しま》小《しょう》の宝《たから》物《もの》

～島小《しょう》子どもの権利《けんり》憲章《けんしょう》～

提案者《ていあんしゃ》　2006年度《ねんど》6年生《ろくねんせい》

2006.12.7

1.作《つく》りたい理《り》由《ゆう》

ぼくたちわたしたちは卒《そつ》業《ぎょう》式《しき》で6年《ねん》生《せい》から島《しま》小《しょう》子どもの権《けん》利《り》憲《けん》章《しょう》をもらいました。この権《けん》利《り》憲《けん》章《しょう》は3年《ねん》生《せい》以上《じょう》の人《ひと》で一生《しょう》けんめい話《はな》し合《あ》い。決《き》めた物《もの》です。その時《とき》話《はなし》し合《あ》った事《こと》は体《たい》育《いく》館《かん》わり当《あ》ての事《こと》やかんきょうを守《まも》るのはけんりかぎむかのことです。こんな風《ふう》に作《つく》ったけんりけんしょうをさらに自《じ》分《ぶん》たちの物《もの》にするために自《じ》分《ぶん》たちの言《こと》葉《ば》に作《つ》りかえることにしました。それによって島《しま》小《しょう》がもっといい学《がっ》校《こう》になると思《おも》います。この島《しま》小《しょう》子どもの権《けん》利《り》憲《けん》章《しょう》を島《しま》小《しょう》の宝《たから》物《もの》にしたいです。

前《ぜん》文《ぶん》

私《わたし》たち、島《しま》小《しょう》の子《こ》どもがほんとうに望《のぞ》むことは、みんなが仲《なか》良《よ》く助《たす》け合《あ》い、「自由《じゆう》」というおたがいの権《けん》利《り》を大《たい》切《せつ》にし合《あ》い、また、「自由《じゆう》」のもたらす恵《めぐ》みをみんなのものとし、決《けっ》して「いじめ」「なかまはずれ」「暴《ぼう》力《りょく》」「言《こと》葉《ば》の暴《ぼう》力《りょく》」などで解《かい》決《けつ》したりしないで"島《しま》小《しょう》の伝《でん》統《とう》とも言《い》える、児《じ》童《どう》総《そう》会《かい》や話《はな》し合《あ》いを解《かい》決《けつ》の方《ほう》法《ほう》とする。

第9条　島《しま》小《しょう》の子《こ》どもは、好きなクラブを計画《けいかく》して作《つく》りあげる権利《けんり》がある。

第10条　島小《しましょう》の子《こ》どもは、先生達《せんせいたち》に手伝《てつだ》ってもらって、委員会《いいんかい》を作れる権利がある。また、自由《じゆう》に入《はい》れる委員会もある

第11条　島小の子《こ》どもは、ビオトープ係《かかり》やwing《ウィング》のような学級《がっきゅう》をこえた係《かかり》やグループを作れる

第12条　島小の子どもは気軽《きがる》に島小の良《よ》い所《ところ》や悪《わる》い所《ところ》を発表《はっぴょう》できる権利がある。

第13条　島小の子どもは『先輩《せんぱい》たちからの贈《おく》り物《もの》』を受《う》けとる権利がある

第14条　島小の子どもは大変《たいへん》なとき、助《たす》けてほしい時、みんなで助《たす》け合《あ》い、最後《さいご》までやりとげる権利がある

そして、どんな子《こ》どもも意見《いけん》を出《だ》し合《あ》い、子《こ》どもの力《ちから》と先生《せんせい》の力《ちから》を合《あ》わせて、楽《たの》しい学校生活《がっこうせいかつ》を送《おく》れるように、いつでも力を合《あ》わせ努力《どりょく》する。

第《だい》1《いち》条《じょう》　島小《しましょう》の子《こ》どもは、楽《たの》しく生活《せいかつ》できる権《けん》利がある。

第《だい》2《に》条《じょう》　島小の子《こ》どもはみんなと自由《じゆう》に楽《たの》しく遊《あそ》んだり休《やす》む権利《けんり》がある

第《だい》3《さん》条《じょう》　島小《しましょう》の子どもは一年《いちねん》から六年《ろくねん》まで平等《びょうどう》である

第《だい》4《よん》条《じょう》　島小《しましょう》の子《こ》どもは、一人《ひとり》でも児童総会《じどうそうかい》を開《ひら》けてだれでも気軽《きがる》に意見《いけん》を言《い》いあって学校《がっこう》を変《か》えていける権利《けんり》がある

第《だい》5《ご》条《じょう》　島小《しましょう》の子《こ》どもは、分《わ》からなかったら先生《せんせい》やみんなに教《おし》えてもらうなどわかるまで学習《がくしゅう》できる権利《けんり》がある

第《だい》6《ろく》条《じょう》　島小の子どもは、講師《こうし》や先輩《せんぱい》を呼《よ》べる権利《けんり》がある

第《だい》7《なな》条《じょう》　島小《しましょう》の子《こ》どもは、島《しま》の豊《ゆた》かな自然《しぜん》の中《なか》で遊《あそ》ぶ権利《けんり》があり、島《しま》の自然《しぜん》を守《まも》るよう努力《どりょく》する。

第《だい》8《はち》条《じょう》　島小《しましょう》の子《こ》どもは、子《こ》ども祭《まつり》や卒業式《そつぎょうしき》などの行事《ぎょうじ》に地域の人やお世話《せわ》になった先生方《せんせいがた》を招待状《しょうたいじょう》や手紙《てがみ》などで呼《よ》べる権利《けんり》がある。

言ったと五年生の横暴を追及します。

この後の話し合いで、双方が「仲がよいから一緒にしたいと思っていてトラブルが起きたこと」を分かり合えたり、「僕ばかりねらわれる」という誤解が解け、問題の解決が図れました。また、三年男子に六年男子が嫌なあだ名を言っていたという問題も、六年生が謝って解決しました。このように日常生活上の問題が気楽に出せて、話し合いによって解決されているという点で新しい憲章の意味が改めて確認されました。

第3項　日常生活上の問題が次々と

憲章の話し合いでは、この他にもいろいろな問題が出されました。

一条に関わって四年女子は「トイレの置き便問題（便をしてそのまま流さない問題）」や「図書室を鬼ごっこして通り抜けするのをやめて欲しい」と訴えました。置き便問題では全校の多数が置き便を見ていることや「なぜ置き便するか」その理由が明らかになってきました。この問題解決を保健・給食委員会にまかせるということにしました。

第5節　体育館フリー計画　―粘り強く生活を自分たちで作りかえる子どもたち―

第1項　反対意見が嵐のように

憲章の第一回の総会の時、三年生の実空が発言しました。「体育館で遊んでるとき、ボールが飛んできて怖いからキック遊びをやめてほしい」。それを受けて、第二回の総会で運営委員の沙依が求められてもいないのに発言しました。「この間の児童総会の時に、実空ちゃんが言った、体育館でのボール遊びについては、今、運営委員会で考えています。次の児童総会で話し合いたいと思います」。こんな事をきっかけに、運営委員会は体育館の使用割り当ての見直し「体育館フリー計画」（資料⑱参照）を提案しました。今までは低学年、中学年、高学年という学年部別だった割り当てを今日はボールの使える日、使えない日とする原案です。ところが、一年生が反対したのです。ボールの使える日には遊べないし、全校で遊ぶ経験がなかったからです。その時のことを子どもたちは次のように書いています。

＊この話し合いで良かったことは、一年生が手を挙げてくれたこと。もし一年が手を挙げるなら「○○ってどういう意味ですか」てな質問やと思っていたけど、ふつうに質問してやった。（詩乃）

＊今日の児童総会、一年生がたくさん発言したのにびっくりした。私も一年や二年の時にこわい思いをしていたことを思い出した。六年に「入れて」というのにはとても勇気がいると思う。自分も同

じだったから、ボールをけっている人は自分の一年の時のことを思い出したら納得してくれるかもしれないし、一年生も運営委員の「全校で一緒に遊びたい」という思いをちょっとでも想像したら、ちょっと納得してくれるかもしれない。そういうことを考えて意見を出したい。(歩美)

この問題に取り組んでいる中心的存在の大貴は自分たちの作った原案に対して反対意見が低学年から続出したのにショックを受けながらも「『運営委員が考えているのは一年から六年までが仲良く遊ぶってこと』って言ったら、四年生は分かってくれやって良かった」と書いた。また、この総会について、クラスメイトが「一つ一つの意見がめっちゃ大事な意見とか質問やったと思う。何か夢が広がった」と書いたことに大貴は励まされたようでした。

第2項 実際にやってみよう

大貴は休み時間を使って、「体育館フリー計画Ⅱ」(資料⑲参照)を考えました。休み時間の全一〇コマのうち、一コマだけを全校で遊ぶ日として後は全て一年と六年のように低学年と高学年の交流に当てました。これで一週間試してみるというのです。そうすると、全校で遊ぶ日に対して思っていた以上の反響。「低学年を笑かした。低学年も楽しんでくれたし、体育館フリー計画はいいな」(主税)、「一年生に鬼ごっこしようか。やるやるやろー　いっぱいで遊んでいました。雪の日は体育館で遊びました。今日もどんどん三年や二年や一年がよってきて、みんなでリレーをしました。一年とはあまり遊ばなかったのでいい思い出になりました」（加奈）、「ほとんどの学年がいて一緒に遊んだ。いろんな人と遊べて楽しかった」（千春）、「一年生がめっちゃ喜んでやった」（紗希）。

第3項　自分の体験を、実感を原案に

体育館フリー計画Ⅱの総会から約一ヶ月後の二月二三日、再び児童総会が開かれました。大貴は提案理由を読んで、三度目の体育館使用割り当ての提案（資料⑳参照）をしました。その提案理由には「体育館フリー計画Ⅰで問題になったことは、一年生は体育館でボールを六年生がけったら、こわいと言いました。ボールを使いたいけどこわいという人が低学年に多かったです。だから、Ⅰの計画はだめなのでⅡを出しました。Ⅱをやってみて、みんなで遊んだらこんなに楽しいいんやぁって分かりました。フリー計画が成功したらいいなぁと思いました。全校で遊んだらボールもけれへんなあと思った。ボールを使わなくても楽しむ方法もあるんやぁと思った。その体験をもとにⅢを考えました」と書かれていました。原案はⅢ案目でやっと可決されました。その使用割り当てには低・中・高学年がそれぞれ一コマずつ、その他の七コマは全て全校。しかも、子どもたちが楽しみにしている月火木の四五分の昼休みは全て全校の割り当てでした。この児童総会で「置き便問題」も保健給食委員会の提案で一定の解決を見ました。

これは、先程述べた憲章の児童総会での三年生女子の発言「ボールを使うとこわくて遊べない」を解決しようということから出たアイデアですが、この問題は少人数の学校でちょっとした遊びをするにも

資料⑱

体育館フリー計画

提案者：運営委員

〜体育館での遊び方を変えよう！〜

1 みんなの様子

権利憲章の児童総会で問題になったように、「ボールをけってやってこわい」と思っている人がいます。けれど、ボールの事は、前児童総会で決めたように、「〇学年だけ」の時間はつかっていい事になっています。でも、これで、「いやだ」と思ってる人がいると、「島小みんなの宝物」の1,2条が実現しない。でも、ボールをける事ができなくなると、サッカーなどをしている人が楽しくない。それに、今のままだと、1年と6年がいっしょに遊んだりはできません。そこで、この「体育館フリー計画」を提案します。

2 めあて

①全校が仲良くふれ合って遊ぶ

②「いれたらへん」をやめる

③ボールがとんできてこわい人も楽しく遊べるようにする

3 取り組内容

1、体育館の使用割り当てを変える

今までの学年割りをなくしてボールを使っていい休み時間と使ってはいけない休み時間に分ける。

2、遊び方の工夫

オニを2人にするとか、ボールを2つにするなど遊び方の工夫をして「いれたらへん」をやめる。

3、遊べる条件を整える

新しいボールがほしいとき、とれない所にボールが上がってしまったとき、先生にたのんで解決してもらう。

休み時間＼曜日	月	火	水	木	金
中休み	25分 ボール使用OK!	25分 NO!	25分 OK!	25分 NO!	25分 OK!
昼休み	45分 ボール使用NO!	45分 OK!	30分 NO!	45分 OK!!	30分 NO!

資料⑲

体育館フリー計画②

提案者
運営委員会

①考えたこと
このあいだの児童総会では結論がでませんでした。だから運営委員会で考えました。全校がどの学年と遊んでも楽しいと思うようになることを考えました。わかってもらったらえたら前のものにもどす
②やること
(1)たとえば中休み、6年と1年が遊んで昼休みは2年と5年が遊ぶ
(2)ボールをけってもいい
(3)それは1週間だけ

	月	火	水	木	金
中休み	1年と6年	3年と4年	2年と6年	1年と5年	3年と6年
昼休み	2年と5年	1年と4年	3年と5年	2年と4年	全学年

資料⑳

体育館《たいいくかん》で楽《たの》しく遊《あそ》ぼう。

―体育館《たいいくかん》フリー計画《けいかく》―

2007年 2月23日 提案者運営委員会《ていあんしゃうんえいいいんかい》

1 提案理由《ていあんりゆう》

①、体育館フリー計画①で問題《もんだい》になったこと
1年生《ねんせい》は体育館でボールを6年《ろくねん》がけったらこわいと言いました。ボールをつかいたいけどこわいと言う人が低学年《ていがくねん》におおかったです。だから①の計画はダメなので、②を出しました。

② ②をやってみてみんなで遊んだらこんなに楽しんやあーってわかりました。フリー計画が成功《せいこう》したらいいなあーと思《おも》いました。全校《ぜんこう》で遊んだらボールもけれへんなと思ったけど、そういう楽しみかたもあるんやあーと思った。その体験《たいけん》をもとに③をかんがえました。

2 めあて

① いままでのけいけんをいかして全校が仲良《なかよ》く遊ぶ。
②「いれたらへん」をやめる。
③ みんなのことを考《かんが》える。

3 やくそく

① 中休《なかやす》みはボールをけっていい昼休《ひるやす》みはボールをけったらダメ。
② ステージにのったらいけない。
③ 6年《ろくねん》のソフトボールと校長先生《こうちょうせんせい》のボールだけつかっていい。
④ 次の割り当てを守《まも》る

	月	火	水	木	金
中休み	高《こう》	中《ちゅう》	低《てい》	全校	全校
昼休み	全校	全校	全校	全校	全校

他学年に声をかけなければ人数も集まらないということを背景にもち、一年から六年までが仲良く遊んだ方がおもしろいという子ども本来の要求からきているとも言えます。日常生活問題を自分たちの力で解決できるようになってきたとき、自治の力は本物になってきます。

第6節　未完のプロジェクト

第1項　権利憲章はただの紙切れか―意見表明権とヘルプの権利の学習から―

今まで行ってきた全校ウォークラリーは、山を越えて琵琶湖まで行く一泊二日の行事になりました（資料㉑参照）。山越えのウォークラリーは体育委員会担当。琵琶湖（宮ヶ浜）に着いてからは運営委員会が担当。運営委員会は浜辺で縦割りのウォークラリー班で遊ぶ、スイカ割りをするなどいろいろな企画を進めました。「運営委員として毎年、九月になったら、運動会の児童会種目の原案づくりをするけど、それ、一泊するので時間があるからこの機会に話し合いの時間を作って助けてもらおか」と持ちかけると、子どもたちは「そうしよう」と乗ってきました。実はこれには教師集団のねらいが二つありました。一つは憲章の学習。主に「意見表明権とヘルプの権利」。もう一つは運動会の児童会種目づくりの中で実際に意見表明権の行使をすることでした。

6 浜《はま》辺《べ》活《かつ》動《どう》

琵琶湖に入《はい》ったり砂《すな》であそんだりします

① 砂《すな》遊《あそ》び25分間《ぷんかん》
砂《すな》で、山《やま》や城《しろ》などを作ります

② ドッチボール・ビーチバレー
競走生物つかみなど20分間《ぷんかん》

1 砂《すな》遊《あそ》びをはじめに25分間《ぷんかん》します。砂《すな》遊《あそ》びが終《おわ》ったらドッヂボールやビーチバレーやいきものつかみなどを20分間《ぷんかん》します。

2 砂《すな》遊《あそ》びが終《お》わると一度《いちど》フエをならします フエがなったら次《つぎ》の遊《あそ》びにうつります。浜辺活動《はまべかつどう》が終《おわ》ってもフエをならします。

3 注意《ちゅうい》
湖《みずうみ》のほうたは、2m《メートル》半《はん》までです
どろなどをなげないで下《くだ》さい
班《はん》でぜんうでこうどうします。

4 持《も》ちもの
するならビーチボールやあみです。

5 はんい
トイレから自販機《じはんき》トイレまでです。それ以上《いじょう》いかないで下さい

その他《た》
はじめに砂遊《すなあそ》びをしてた人《ひと》は次《つぎ》の20分《ぷん》間《かん》の時《とき》も砂遊《すなあそ》びをしてもいいです。

7 スイカわり

担当《たんとう》 いちえ カンナ

ウォークラリーのチームでスイカわりをします。

ルール
○目をかくす
○1チームスイカは1つ
○楽《たの》しくスイカをわってそのわったスイカを食べる

NO.2

○スイカをわる人《ひと》はチーム全員《ぜんいん》です。スイカをわる時間は1人1分間です。
○お昼《ひる》ごはんを食《た》べた場所《ばしょ》の近《ちか》くで10チームスイカわりをします。

用意
・わるぼう(竹《たけ》(10本《ぽん》)
○シート(班《はん》1まい)(班《はん》でようい)
○目《め》をかくす手《て》ぬぐい(班《はん》でようい)
○スイカ(10コ)

後かたづけ
○バケツ(10コ)
○ゴミぶくろ(10まい)(班《はん》でようい)
○みんなで後《あと》かたづけをする

8 フリータイム①

全員《ぜんいん》自由《じゆう》に、あそびます。

めあて
①ちがう班《はん》の人《ひと》とも仲《なか》よくなろう
②全員《ぜんいん》が楽《たの》しいと思えるような時間《かん》にしよう

あそび方
ビーチバレーや、ドッチボール砂遊《すなあそ》び山作《やまづく》りやお城《しろ》づくりなどをします。

注意《ちゅうい》
どろをなげないで下《くだ》さい
琵琶湖《こ》に入《はい》らないで下《くだ》さい
指定《してい》された所《ばしょ》以外《いがい》いかないで下《くだ》さい
いじめなどをしないで下《くだ》さい
一人《ひとり》だけであそんだりしないで大《おお》ぜいの人数《にんずう》で

資料㉑

スペシャルウォークラリー
島《しま》ぼうけん2!!

2007年6月28日《にち》(木《もく》)

提案者《ていあんしゃ》　6年森《もり》ともか、関目《せきめ》みのる、田畑《たばた》ななみ、西居《にしい》ちえ
運営委員会《うんえいいいんかい》　5年前田《まえだ》こうき、後藤ゆきひろ、新宮あいか、西川かよ、
4年山形《やまがた》りゅうのすけ、前野かなた、巣もえ

NO.1

1 日時《にちじ》　2007年《ねん》7月《がつ》6～7日《にち》(金《きん》・土《ど》)
12:15～次《つぎ》の日《ひ》の9:00

2 場所《ばしょ》　休暇村《きゅうかむら》近江八幡《おうみはちまん》

3 めあて
① 運動会《うんどうかい》の児童会《じどうかい》種目《しゅもく》を一人《ひとり》一人《ひとり》の知恵《ちえ》を出《だ》し合って考《かんが》えよう
② チームのみんなで助《たす》け合《あ》おう
③ この2日間《かかん》でチーム以外《いがい》の人《ひと》とも仲良《なかよ》くなろう
④ いい思い出ができるようにみんなで楽しもう。

4 日程《にってい》

6日

12:00	12:30	1:15	2:10	3:00	3:50	5:30	6:20	7:20	8:30	9:30	10:00
おべんとう 昼食《ちゅうしょく》	浜辺《はまべ》活動《かつどう》	スイカ割《わ》り 3年生《ねんせい》以下《いか》下校《げこう》	フリータイム①	チェックイン ホテルでの注意《ちゅうい》・荷物《にもつ》せいりの	運動会《うんどうかい》の児童会《じどうかい》種目の話《はな》し合《あ》い①	フリータイム② はまべさんぽ / 運営委員会《うんえいいいんかい》まとめの活動《かつどう》	夕食《ゆうしょく》	運動会《うんどうかい》の児童会《じどうかい》種目の話《はな》し合《あ》い②まとめ	入浴《にゅうよく》(ねる準備《じゅんび》) 各学年《かくがくねん》20分《ぷん》(4年生《ねんせい》から)	日記《にっき》 今日《きょう》一日《いちにち》のふりかえり	ねる時間《じかん》

7日

6:30	7:00	7:30	8:20
おきる時間《じかん》	朝《あさ》のさんぽ・クリーン活動《かつどう》	朝食《ちょうしょく》	荷物《にもつ》整理・シーツの返却《へんきゃく》など

5 お昼《ひる》のおべんとう (かよ・ちえ)

① お昼《ひる》のおべんとうは、ウォークラリーのチームで1年生《ねんせい》から6年生《ねんせい》で食《た》べましょう。
② 日《ひ》かげをえらんで食《た》べましょう。暑《あつ》いので病気《びょうき》になるかもしれません。
③ 食《た》べている間《あいだ》は立《た》ち歩《ある》いたり人《ひと》にめいわくをかけないように食《た》べましょう。
④ 食《た》べる場所《ばしょ》から出《で》ないように食《た》べて下さい。
⑤ 1人《ひとり》で食《た》べる人《ひと》がいないようにチームの中《なか》で仲《なか》よく食《た》べましょう。

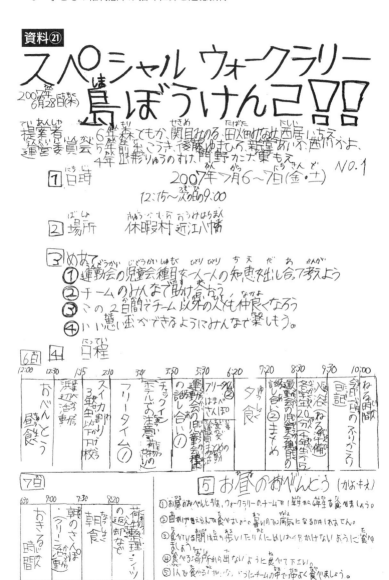

あそんで下さい

島小関係《しましょうかんけい》の人以外《ひといがい》のほかの人《ひと》などにめいわくをかけないで下《くだ》さい

持《も》ち物《もの》 あそび道具《どうぐ》、タオル

9 運動会《うんどうかい》 児童会《じどうかい》種目《しゅもく》について

めあて

①幼稚園《ようちえん》の人と仲《なか》よく交流《こうりゅう》しよう。

②練習《れんしゅう》の成果《せいか》を精一杯出《せいいっぱいだ》しきろう。

③どの色《いろ》も優勝《ゆうしょう》めざしてあきらめないで、がんばろう。

- 幼稚園《ようちえん》～6年生《ねんせい》まで出《で》きる種目《しゅもく》を考《かんが》える。
- 今年《ことし》も全校《ぜんこう》リレーをします。児童会種目《じどうかいしゅもく》（3つその中《なか》の1つは全校《ぜんこう》リレー。）

★ 会議《かいぎ》の進《すす》め方《かた》について。

①植田先生《うえだせんせい》による授業《じゅぎょう》。

②運営委員会《うんえいいいんかい》から児童会種目《じどうかいしゅもく》についての提案《ていあん》。

③ウォークラリーのグループに分《わ》かれて児童会種目《じどうかいしゅもく》をどんな種目《しゅもく》にするか考《かんが》える。

④それぞれのチームが考《かんが》えた種目《しゅもく》を発表《はっぴょう》して質問《しつもん》をうけます。

⑤意見《いけん》や質問《しつもん》をもとにして、もっといい種目《しゅもく》になるように考《かんが》えます。

⑥みんながフリータイムの間《あいだ》、それぞれのチームが考《かんが》えた種目《しゅもく》のうち2種目《しゅもく》を児童会《じどうかい》種目《しゅもく》にする。そして2種目《しゅもく》の原案《げんあん》を作ります。

⑦児童総会《じどうそうかい》を開《ひら》き 2種目《しゅもく》を運営委員会《うんえいいいんかい》が提案《ていあん》し、決定《けってい》します。

10 フリータイム②

めあて

- ほかの班《はん》の人《ひと》ともなかよくなろう
- 全員《ぜんいん》が楽《たの》しいと思《おも》う時間にしよう

あそび方

はまべをさんぽしたり、砂《すな》あそびなど。ボールはつかわない。

注意

- 人《ひと》にどろをかけない
- びわこには入らない
- ケンカやいじめをしない
- 一人《ひとり》だけでなくみんなとあそぼう
- 指定《してい》されたはんいからはでないこと

持ち物

- タオル

NO.3

授業「権利憲章はただの紙切れか」

(i) 授業構想

すべての学年で実施した権利憲章の事前学習の感想に目を通した私は、子どもたちの現状をもとにして幾つかの課題を立てました。

a、四～六年のおおかたは、憲章があるから島小学校の生活は良くなっていると事実を通してとらえている。

b、四年生のあゆとの提起する課題をどのように解決するか

★今の六年生で平等はなくなろうとしている。掃除の時間遊んだり、高学年の割り当てじゃないのに遊びに来たり、いじめたり、おどしたり、いばったり（あゆと）

c、あゆとの問題提起に対する五年生の晃司の考えと瑞樹、真生、諒並たちの考えをもとに五年生が問題解決のためにどのような役割を果たすのか

★多分憲章は使える。今の六年生のことも児童総会で考える必要があると思う（晃司）

★話し合っても後でいじめられたり、いやなやつだけ集中ねらいされる（瑞樹）

★そんな簡単ではないと思う。陰でこそこそやられる人がいるかも（真生）

★六年生がせこいことするのも直らない。わけは味方する人がいるから（諒並）

d、六年生の健斗、啓太、雄一のような考え方をどのようにして前向きに変えるか。特に「権利だ

から別にやらなくてもいい」という考え方の根本にどんな問題があるのかはじっくり考察する必要がある。

▼権利憲章はあっても誰もやってないし意味がない（健斗）

▼誰も守らないのでいらない（啓太）

▼権利憲章は守れるはずがない。義務じゃなく権利だから別にやらなくてもいいと思う（雄一）

今回の授業のテーマは「島小の生活（行事）はたった一人の意見からでも変えられる。だから、運動会の児童会種目を自分たちの力で作り上げましょう」というものでした。だから、直接、課題のbやcに応えられるものではありません。aの子どもたちの現状をもとに子どもたちの参加の道筋を明らかにすることで、「意見表明すれば」「努力すれば」そして、「みんなの合意が得られれば」「島小学校は変えていける」という展望を与え、課題dの子どもたちが権利憲章を自分たちにとって意味あるものとして捉えられるようにしたいと思いました。そして、少々の困難はあっても実現にむけて挑戦する子どもたちになって欲しいという願いを込めました。

(ii) 授業展開　配布物　島小子どもの権利憲章「平和な島小の宝物」

ウォークラリー当日に、授業をしました。

T 「憲章はただの紙切れだ」という人がいます。本当に紙切れかどうか今回は考えてみることにします

T　君たちは「平和な島小の宝物」のどの条文が大切だと思いますか

C　一条【どの子も楽しく生活できる】二条【遊び】三条【平等】四条【意見表明】五条【学習】六条【学習・講師】七条【環境】八条【招待】九条【クラブ設立】一〇条【委員会設立】一一条【学級を越えた係活動】一二条【発表】一三条【先輩からの贈り物】一四条【ヘルプ】などが出されました（資料⑰、一四三―一四五頁参照）

T　じゃあこの中で中心になる条文はどれですか

C　四条【意見表明】です

T　第四条、島小の子どもは、一人でも児童総会を開けて、誰でも気軽に質問や意見を言い合って、学校を変えていける権利がある

T　なぜ、この条文が中心なのでしょう？

C　一人でもってどういうこと、一人でしかできないってこと？

C　「でも」っていうのは大勢でも、一人でも意見表明できるということ

C　委員会でもOK！　学級でもOK！　友だちとでもOK！　一人でも意見表明OK！　ということ

T　実際に運営委員会は、委員会活動・V&Sフェスタ21・子ども祭り・思い出祭りなどを意見を出し合って作ってきたでしょう。保健・給食委員会は置き便問題を解決してきたし、環境委員会は牛乳パックリサイクルをみんなに提案しました。また、体育委員会はみんなで考えて全校ウォークラリーという新しい行事を作りました。この行事は、はじめは一人の考えからスタートしたの

です。そして、昨年卒業した六年生は島小子どもの権利憲章「平和な島小の宝物」を作り出したのです。さらに、この「スペシャルウォークラリー島冒険」も、ある一人の子どもの意見から始まったのです。誰か知っていますか。そうです。体育委員会の六年生の蘭樹さんの意見から出発してでき上がったものなのです

T　「なかなかそんなことできない」って人もいます。その時は、何条を使えばいいでしょう

C　一四条【ヘルプ】です

T　では、次の時間に、運動会の児童会種目をたった一人の意見から出発して作り上げてみましょう

(iii)　授業後の感想

＊話し合いはちょっと長引いた。でもよく分かった。一条、二条、三条、五条、七条、八条、九条、一一条、一二条、一三条のよいところが出た。初めて「意見表明」という難しい言葉が出た。「なかなかそんなことできない」ということが出た。私もそう思っていた。でも、「一人でも」を一人だけでと考えていたからだった。別に友だちとでも、学級の人とでももと考えたら、「なかなかそんなことできない」とは思わなかった。今日の授業はとてもよく分かった。すごく良い授業だった。（四年生）

＊権利憲章をただの紙切れだと思っている人は、島小のことを何も考えていない人だと僕は思った。今日のウォークラリーだって一人が意見を出せばこのように大きいことが開ける。（四年生）

＊私も六年を卒業するようになったら今の六年生みたいにすごいこと書きたい。理由は、私が六年を

卒業するときにすごいこと書いて次の六年生に渡して、良い学校にして欲しい。私が学校にきたときもっと良い学校になってて欲しいからです。（四年生）

＊第四条は他の権利憲章のすべてにつながる事です。例えば、楽しくなかったら友だちとでも一人の力でも児童総会を開くことができるからです。もしできなかったら、一四条で助けてもらえるのでとてもいい権利憲章だと思います。（四年生）

＊植田先生の話で思ったことは、権利憲章は紙切れってゆうてる人には、去年の六年の苦労が分からんとゆってると思った。（四年生）

＊僕は憲章は必要だと思う。憲章は一四条あるけど四条が一番大切だ。児童総会さえ開ければ何とかなる。でも、そんなことはなかなかできないから難しい。でも、何とかなる、みんなさえいれば。（晃司・五年生）

＊権利憲章ってすごいなあと改めて思う。特に四条と一四条はすごいと思う。これを来年は私たちが受け継ぐと思うとドキドキする。来年はもっと憲章を良くしたい。権利憲章は四条からできていたんだ。（夏世・五年生）

＊今日はみんなが権利憲章について思っていることが分かった。必要だと思っている人、必要だと思っていない人がいる。私は必要だと思っている。必要ないと思っている人もいつか必要だと思ってくれれば、私は島小がいい学校になると思うから、必要だと思ってない人も必要だと思ってくれればいい。（恵理華・五年生）

＊僕は第一四条の一人でも児童総会が開けるというのは一人だけでするとと思っていたけど、友だちや学級でもできるなんて知らなかった。もしかするといつか一人で児童総会開くかもしれない。（喜寛・五年生）

＊私も紙切れと思っている人は問題を解決できない人だと思います。第四条がなかったら他の条文が成り立たないことが分かりました。分かって良かったです。（六年生）

＊権利憲章のありがたみが分かった。四条がなかったら他の条文ができないと思った。権利憲章を大切にしていきたい。一人でも島小を変えていけることが分かった。（穣・六年生）

第2項　意見表明権の行使—運動会の児童会種目づくり—

憲章の授業を終えた子どもたちは夕食後、いよいよ運動会の児童会種目づくりにとりかかりました。ウォークラリーで山を越えてきた班でどんな種目にするか相談します。案には「誰が考えたのか」が分かるように名前を付けます。四つ切り画用紙程度にまとめ、各班二分以内で発表。発表の度ごとに質疑を繰り返します。各班の考えた種目は、

一班…借り物競走
二班…障害物リレー（幼稚園の人は跳び箱のない方）
三班…お絵かき競争

四班…障害物リレー
五班…電車ゲーム
六班…借り物競走風リレー（真ん中に先生が立って読めない人に教える）
七班…障害物リレー（借り物、パン食い、大玉、跳び箱など）
八班…菓子食い競争
九班…障害物リレー（学年レベルに合わせた障害物）
一〇班…人生リレー（赤ちゃん・小学生・学生・社会人・結婚・老人）

と多彩なものでした。運営委員はその中からいいとこ取りをしたり、組み合わせたりして、「島電車ゲーム」と「人生いろいろリレー」という児童会種目を生み出しました（第六章扉頁・資料㉒参照）。

第3項　子どもたちは学習を通してどのようにとらえ直したか（成果と課題）

学習を通して、子どもたちがどのようにとらえているのかを私なりに整理してみました。

ａ、多くの子どもたちが「平和な島小の宝物」があることで島小はもっとよくなると考え、それには自分たち一人一人の意見表明（四条）が鍵を握っているということが分かった。そして、意見表明は「一人で」でなくてもよい。たくさんの友だちの力を借りてやればいい、それは実際に島小学校の中でやっていることだと認識することができた。

資料㉒

B人《じん》生《せい》いろいろリレー

①ルール

[1] 1周《かい》に1チーム1人走《とりはし》ります

[2] まずリレーで一番最初《いちばんさいしょ》の人《ひと》は赤《あか》ちゃんのマネをしてハイハイします。ハイハイするときマットを使《つか》います。

[3] 二番目《にばんめ》の人《ひと》はようちえんのマネをします。ようちえんカバンをさげます。

[4] 三番目《さんばんめ》の人《ひと》は小学生《しょうがくせい》のマネをします。ランリュックをせおいます。

[5] 四番目《よんばんめ》の人《ひと》は学生《がくせい》のマネをします。スクールバック、ヘルメットをかぶります

[6] 五番目《ごばんめ》の人《ひと》は社会人《しゃかいじん》のマネをします
ネクタイをします。

[7] 六番目《ろくばんめ》の人《ひと》は結《けっ》こん式《しき》のマネをします。
女子《じょし》はブーケ　男子《だんし》ははちょうネクタイをします

[8] 七番目《ななばんめ》の人《ひと》はろう人《じん》のマネをします。
手《て》をこしにつけて、つえをつきながら走《はし》ります。

②出れる人《ひと》は全校《ぜんこう》の半分《はんぶん》です。

③その他《た》

1、バトンかわりにタスキをつけます

2、4周目《しゅうめ》は人数《にんずう》のつごうにより老人《ろうじん》はありません

3、ぜんぶで四周走《よんしゅうはし》ります。4人数《にんずう》がたらないチーム は1人《とり》だけ2周走《かいはし》って下さい。

④かりるもの

ようちえんカバン、ランリュック、ヘルメット、スクールカバン、ネクタイ
ちょうねくたい、ブーケ
ある人《ひと》はできたらかして下《くだ》さい。

とく点《てん》は全校《ぜんこう》リレーといっしょです。

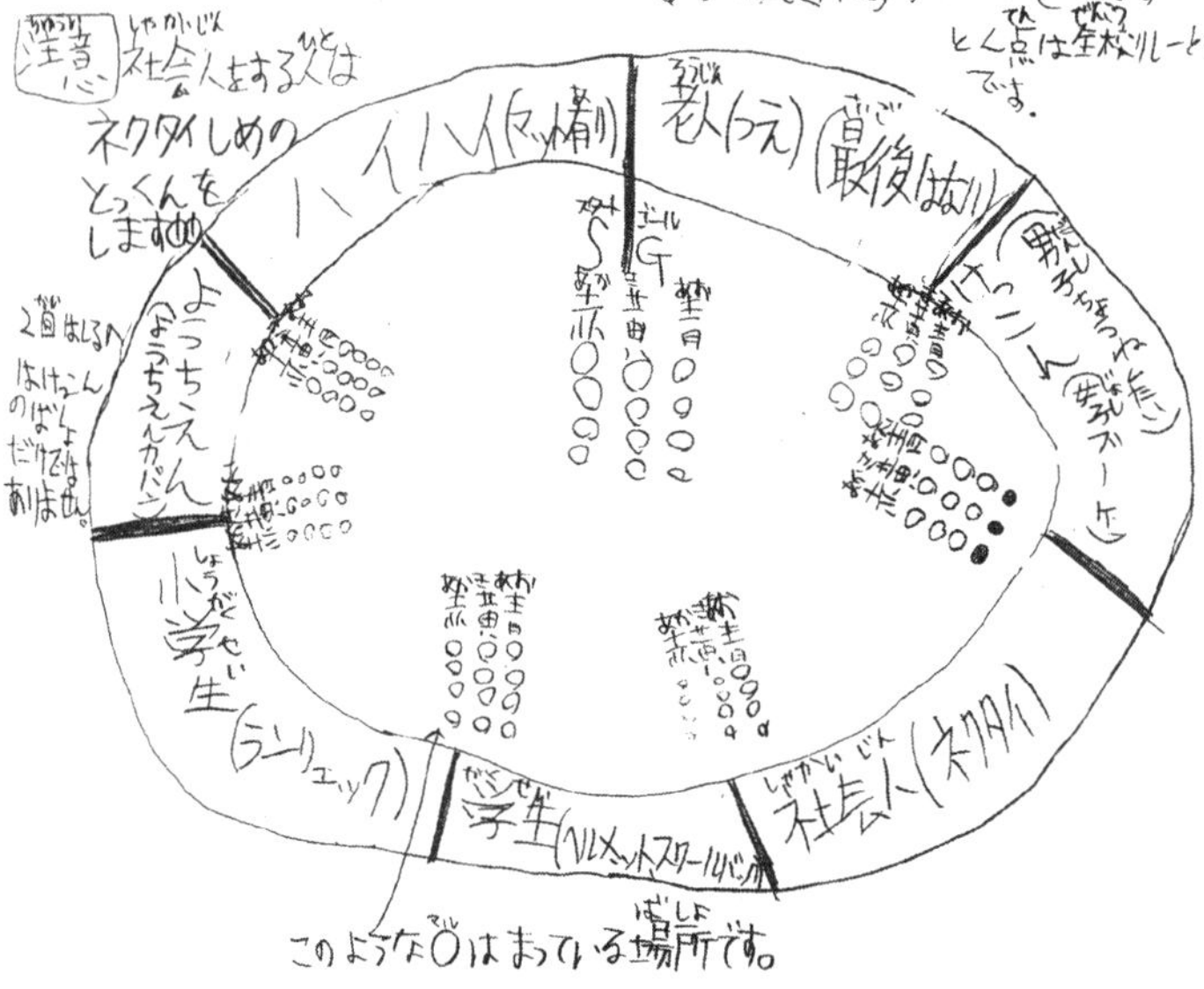

b、今回の学習を通して、「島小子どもの権利憲章」はただの紙切れではなく、自分たちの働きによって、自分たちの思いや願いを叶える大切な宝物だということを子どもたちは改めて考えることができたと思う。運動会に関わる児童会種目が決定した時、提案をしたグループの子どもたちは「やった！」という思いを感じていた。自分たちの考えたことが形を持ち、実現していくという経験は、これから子どもたちが成長していく上で大いに役に立つことだと思う。

＊「ただの紙切れ」そんなことで先輩が頑張った憲章は無駄にしてはいけない。私は「スペシャルウォークラリー島冒険」をやりたい!!　絆の大切さ、山登りの楽しさ、登った後のご飯のおいしさをみんなに伝えたかった。なので、夢を実現させられてとてもうれしかったです。（蘭樹）

c、「平和な島小の宝物」の構造が分かり、多くの子どもたちが四条がもとになっているということも分かった。何も考えず子どもたちが必要感からつくった条文が一四条のように子どもたちを納得させるようなものになっていた。私たち教師も教材研究や授業を通して、憲章の構造を詳しく知ることができ、改めて四条（意見表明権）の大切さを知ることができた。

d、「義務じゃなく権利だから別にやらなくてもいい」と事前学習で書いた子どもたちは、授業後の感想に次のように書いた。

＊僕は憲章をただの紙切れだと思っていた。けど、植田先生の説明で島小はすごいということが分かった。本当に良かった。憲章は一四条あるけど四条がもと（中心）だと分かった。（啓太）

＊権利憲章はいらないと思っていたけど、いるという気持ちが強まった。（雄一）

＊今まで権利憲章は意味がないと思っていたけど、よく見たら大事なことばかり書いていた。四条は児童総会を一人で開くことができるという意味やと思っていたけど、この話し合いで「みんなとだけじゃなく」という意味っていうことがわかった。（健斗）

と「平和な島小の宝物」に対する態度を変えています。また、この三人は進んで話し合いに参加していました。啓太はグループでの話し合いの中でリーダーシップを取り、様々な意見を出す姿が見られました。周りの子どもたちも積極的に意見を出していました。グループごとの発表の時には、前の方まで出て行き、他の班の意見にも真剣に耳を傾けていました。健斗は体育委員長と共にこのウォークラリーを作り上げました。そして、雄一は、その後の委員会活動での態度が前向きに変わるなどの様子も見られ、委員長としても様々な意見を出し、それを実現していきました。

e、しかし、事前学習時に出てきた六年生がいじめたりいばったりするなどの課題はまだ残っている。また、「憲章は紙切れ」という課題も完全に解決したわけではない。「権利なのでしなくてもよい」という意見を持つ子どもたちにどう関わっていけばよいのかということは難しい課題だ。せっかく自分たちには使える権利があるのに、その権利には意味がないと考えることは、自分の未来を描けないのと同じ。子どもたちに未来を夢見させるためにはどうしていけばいいのか、まだまだ解決していくには時間がかかりそうだが、そのことを私たち教師が考えるよいきっかけとなった。

このような学習と実習を通して、子どもたちは「子どもの権利条約」や「島小子どもの権利憲章」を学び実践していきます。それぞれの生活の中で憲章を実感し、その感覚の中で条文などをつくります。一から憲章をつくり出したものこそ主体者となるのです。憲章はでき上がったものがそこにあって、それに合わせて生活するというようなものでなく、毎年自分たちの生活のようすをもとに作り変えるということではじめて生命を得るのです。つまり、憲章の取り組みは未完のプロジェクト(1)になってこそ意味があるのです。

第7節　憲章がつくり出した子ども像と道徳教育

i　子どもの学校通信簿の「一番いやだったこと」から自分たちの生活を見つめ直し、「思い出祭り」(六年生を送る会)で在校生に今までのことを謝罪し、憲法や子どもの権利条約から島小子どもの権利憲章を作り出した子どもたち

ii　先輩を見直し、この憲章を毎年作りかえることで「きっと島小がもっと良くなる」と思い、自分たちの言葉で作りかえ卒業式で後輩にプレゼントした子どもたち

iii　憲章の第一条をもとに日常生活上の困っていることを出し合い、お互いの思いを交流し合う空間を作りだし、誤解を解いていった子どもたち

ⅳ 三年生の「ボールが飛んできて恐い」という発言を出発点に、全校で遊ぶことを夢見て、一度つくった原案が通らなくても、励まし合い、「やってみよう」と呼びかけ、楽しい体験をもとに、粘り強く体育館フリー計画を現実のものにした子どもたち

ⅴ 学校協議会での憲章の発表に「権利ばかり主張しないで、しなければならないことはやっているか？」との大人の問いかけに、一生懸命答えた子どもたち（第八章第七節参照）

ⅵ 体育委員会の一人の子どもの発言からスペシャルウォークラリーを作り上げた子どもたち

ⅶ 先輩からのバトンタッチを受け、先輩の意思を継いで自発的に子ども祭りの有志の店を出す子どもたち

ここに、自分の言うことが実現していく楽しさを出発点にした自発的な子どもたち自身の学校づくりがあります。それは、一つのモラルをつくり出しているといえないでしょうか。

私はV&Sフェスタ21で、六年生を初めとする運営委員の高い道徳性を感じました。自ら仕事についての見通しを持ち、休み時間をつぶして献身的に努力する姿に私は感動していました。その高い道徳性はどこから来るのでしょうか。それは、「VとSの二文字から子どもたち自身が発想したことを、原案化し、児童総会で決定し実行していく」。そこに子どもたちが自立的に動いた根源があるように思います。

「学習指導要領第3章特別の教科　道徳」によると、内容として、第5学年及び第6学年に次のようなことが書かれています(2)。

A　主として自分自身に関すること
〔善悪の判断、自律、自由と責任〕
自由を大切にし、自律的に判断し、責任のある行動をすること。
〔希望と勇気、努力と強い意志〕
より高い目標を立て、希望と勇気をもち、困難があってもくじけずに努力して物事をやり抜くこと。
B　主として人との関わりに関すること
〔友情、信頼〕
友だちと互いに信頼し、学び合って友情を深め、異性についても理解しながら、人間関係を築いていくこと。
〔相互理解、寛容〕
自分の考えや意見を相手に伝えるとともに、謙虚な心をもち、広い心で自分と異なる意見や立場を尊重すること。
C　主として集団や社会との関わりに関すること
〔よりよい学校生活、集団生活の充実〕
先生や学校の人々を敬愛し、みんなで協力し合ってよりよい学級や学校をつくるとともに、様々な集団の中で自分の役割を自覚して集団生活の充実に努めること。

D　主として生命や自然、崇高なものとの関わりに関すること

［自然愛護］

自然の偉大さを知り、自然環境を大切にすること。

以上の道徳の内容は、「島小子どもの権利憲章」の取り組みで実現していると考えられます。私たちは子どもの参加を促すことで、授業を含めた学校生活を主体的なものにしようと取り組んできたのです。その成果の一つがV＆Sフェスタ21だといえます。社会規範の内容も同じようにこの取り組みの中で実現していると考えますが意見の分かれるところかもしれません。

スペシャルウォークラリーの取り組みの中で「これは義務ではない。権利だからやらなくてもいい」という子どもが出現しました。私たちはこの子たちにどのようなメッセージを送ればいいのでしょうか？私は君も権利を行使して学校の主人公になってみてほしいと伝えたいのです。そうすればきっと自分がつくるべき未来が見えてきて、それならこんな事もと次の夢を描くことができるのではないでしょうか。

子どもたちに「～しなければならない」で動く自分の姿か「～できる」で動く自分の姿か、どちらが素敵？　と問うと、圧倒的多数の子どもたちが後者を選びます。

子どもが自分たちのモラルを自分たちで打ち立てるということを実践してきました。その中にあって、なおある様々な課題を出し合いながら子どもたちの自治が子どもたち自身のモラルを生み出していくようにするにはどうすればよいかを考え合いたいと思います(3)。

コラム⑤「頭を働かせることがわたしを凄くわくわくさせた」　山本沙依

「体育館フリー計画」、もう記憶の中から消えかけていた言葉でした…（笑）

あの頃のわたしは、全力で、いっぱいいっぱいになりながら目の前のことに取り組んでいたなと思います。

体育館フリー計画は、その中のひとつでした。この計画は、学年の垣根を超えて体育館で遊べるようにしたい！　というものだったけれど、わたしの気持ちを動かしたのは、実はそれとは別のものだったんです。

当時、わたしはとにかく「考えること」が楽しかった記憶があります。フリー計画の他に、子どもの権利憲章などにも取り組みましたが、それも同じでした。「子どもの権利が〜」って主張をしていたけど、わたしは自分の権利というものを本当にわかっていたかどうかと言うとわかってなかったはずです。

わからないからこそ、わかりたいという気持ちと、それについて必死に考えて、頭を働かせることがわたしを凄くわくわくさせたんです。今思えば、わたしが小学生時代に学んだのは隔たりなく誰かと仲良くすることの楽しさでも、人間の権利でもなく、「考えることの楽しさ」だったと思います。考えることが楽しいと気付ける小学生時代を過ごすなんて、とても貴重な経験ができたなと思います。

教科書の必ずひとつの正解がある問題を解くんじゃなくて、正解が定まらない、考えればどこまでも続く、何個でも正解を出せるようなことの答えをみんなで見つけ出す、そんな経験は、中学校でも高校でもできなかった。島小学校だからできたことだと思います。

大人になった今、そのことの大切さがよくわかります。意見を交わすことで他人の意見を知ること、受け入れることができました。自分の思いを大切にしたり、違う目線での思いを感じることもできたと思います。なんだかくやしかったり、うれしかったり泣けてきたり、いろんな感情も感じました。それらが、いまのわたしを豊かなものにしてくれていると感じます。いまでもわたしは考えることが楽しいです。

注

⑴ 未完のプロジェクト。教育研究全国集会で私の報告の憲章の部分をとらえて堀尾輝久氏が「憲法も未完のプロジェクトだが、この憲章の取り組みも未完のプロジェクトだ」と評した。

⑵ 文部科学省『小学校学習指導要領(平成二九年告示)』東洋館出版社、二〇一八年、一六五―一七〇頁。

⑶ この取り組みは京都新聞二〇〇七年五月三日滋賀版に「島小『権利憲章』制定三年目　楽しい学校づくりに成果」と題して紹介された。

第7章

保護者の学校参加

「あのー　相談があるんやけど」

第1節　学級の困難を前に―「親は顧客」ではない―

島小に転勤して初めての保護者との出会いは学級困難状況をめぐってでした。立ち歩きやトラブルが絶えず、だんだん担任の指導が入っていかなくなってゆく様子が見てとれました。問題の中心にいた子どもへの家庭訪問は担任と教務の私で行きました。担任以外の教師が入ることで、保護者には担任が言えないことを言い、教師集団には子ども・保護者の状況を伝え、困難を教師集団全体のものにするためでした。訪問した先で私たちは

「家はでちゃんとやっています。学校のことは学校でやってください」

「先生は教育のプロやろ！」

という保護者の言葉にショックを隠せませんでした。そこには、担任と学校に対する不信感が表れ、子どもを真ん中に保護者と教師が協力・協同の関係をつくっていこうとする意識がまるでなかったのです。これが「教育改革」のいうところの「親は顧客」(1)の具体的表れだと感じました。この状況を教師集団に報告し、困難を打開する方針を模索しました。その方針の一つが、この困難を保護者に公開して力を貸してもらうことでした。

さっそく、公開授業をもち、その後学級懇談会を開きました。保護者だった高原さんは、懇談会での担任批判からの協力・協同への転換点を次のようにリアルに語っています。

＊まず担任の先生がクラスの現状を話され、大変苦労されている様子が伝わりました。そして、次第にある数人の子たちが特に問題を引き起こしていることが明らかになってくると、特に問題を抱えている子どもの保護者が「担任替えてほしいわ」ときつい口調で訴えたのです。それを聞いて、多くの良識あると思われていた保護者たちはその一人の保護者を非難しはじめました。「家ではどんなふうに子どもに接しているの？」「子どもの前で先生の悪口言ってるんちゃう？　そんなんしているから子どもが学校で先生の言うこと聞かなくなるんと違うかな？」などです。例え正論とはいえ、集中攻撃の度が過ぎる感がありました。その内矛先はまた担任の先生に向けられ、担任擁護派であったはずの母親の口から「上の子の先生はすごくよかった。まず、命の大切さを分かりやすく話され、子どもたちにお互い仲よくするように上手に指導されていた」などと、その時の先生の心の傷を一層深めるような言葉まで出てきたのです。でも、それを聞いていたある母親が「先生はうちの子が入院した時、子どもたち全員に励ましの手紙を書くように言ってくださって、こんなにすてきなお見舞いをくださった」とみんなの書いた手紙を貼った大きなピンクの画用紙をカバンから出して見せてくれました。このことは先生の大きな救いとなったでしょう。また、この時は他にもいろいろ問題があるようで、クラス全体として落ち着きのない子が増えているようだとの話も出たのです。

そして、懇談会への思いを次のように語りました。

＊とにかく、あの懇談会のままではいけないとの思いが強く、担任の先生以外のお話を伺いにと私とDさんとで学校へ出かけました。「学級崩壊ですか」とのDさんの単刀直入な質問に、教務主任の植田先生は即答は避けられましたが、私たち二人はきっとこれは学級崩壊状態に違いないと確信しました。その場でもう一度学級懇談会を開いてもらうようお願いして帰る道中「もう学校の先生だけに任せていい状態ではない。私たち親も何かせねば…」と強く思い始めました。それは学校の先生に力がなさすぎるから仕方がないという気持ちではなく、その時、先生方がてこずっておられるのは、本来家庭で小学校に入るまでにつけておかねばならない親の責任部分だと感じたからです。

このような動きの中で、ふれあいサークルが結成され、校区が広いために日頃交流できない子どもたちのために、家もちまわりで遊びの場を作って、子どもたち同士を出会わせる「お宅訪問」という取り組みが生まれました。担任のしんぼう強く地道な取り組みと保護者の力に支えられながら、学級崩壊的状況を脱したのでした。

高原さんはこの時の取り組みを通して得たものを次の二点にまとめました。

①とにかくあの時は「先生をサポートして何とかクラスを立て直したい。子も親もお互い仲良くなり、子どもたちが学校でまともな学びができるよう環境を整えたい！」との切実な思いから、保護者同士が手をとり必死に考えて取り組みました。企画・運営もいつも同じ者ばかりで担当せず、できる

だけ多くの者で分担するようにしました。そうすることで、私たち多くの保護者が我が子に責任を持ち、我が子のいるクラスに主体的に関わることで心を一つにできたという経験が一番の財産となりました。

②先生方との心の通じ合いも大きな財産となりました。私自身最初は先生を励ますことが多かったのですが、取り組みを進めていく中で、様々な迷いが生まれたり、でしゃばりだという非難の声を耳にして自信を失いかけたとき、担任の先生はお忙しい中連絡帳でほぼ一ページにわたって励ましと参考意見をくださいました。また、教務主任の植田先生も「なかなかクラス全体にまで広がらなくて…」という私の嘆きに、「全部でなくていい。一人でも多ければいいんですよ」とプラス思考を与えてくださいました。そのような先生方の言葉は私を随分後押ししてくれました。

この取り組みは、「親は顧客だ」という「教育改革」に一石を投じ、今後の保護者の学校参加を実質化する大きな出来事になりました。

コラム⑥「回想――我が子の学級崩壊――」　高原恵里

もう二十年前になる。子どもが学級崩壊を経験し、保護者で取り組んだことがあった。あの当時「学級崩壊」という言葉が日本で一大ブームのようになり始めていて、その言葉が現実のものとなったことにとても大きな恐怖感を抱いた記憶がある。

教室が汚い。子ども同士の喧嘩や罵り合い。授業中に教室でボール遊びをする子がいる。担任の先生におんぶや抱っこをせがむ子がいる……。一人の先生では授業が成立せず、養護の先生や校長先生までもがサポートで入られていることもあった。少人数のクラスなのに……。ここまで書いて気が付いたことがある。当時の島小学校の先生方の協力体制がまずあったということに今更ながら感謝したい。あの時、もし担任の先生が誰にも支えられず孤軍奮闘されていたとしたら、もっと事態は悪化していたかもしれない。

さて、私たち保護者はどうしたか。まずは現実を知るために教室の様子を見に出かけた。その後の臨時懇談会では教師批判や特定の親批判など原因追及という重たい空気も漂ったが、そのままでは決して良い方向に向かわないだろうと感じて、保護者としても不安を希望に変える術をなんとか探そうとした。

一体どうする？　どうしたら子ども同士が良い関係を築きながら落ち着いて学べる環境をつくれるのか？　特に危機感を抱いていた親数人が中心となり声を掛け合い話し合いを重ね、必死で子どもたちの明るい未来を模索した。どの子の保護者もわが子の幸せを願っていることは同じはずという信念のもとに。

その結果たどり着いた想いは「それぞれの良さを見つけながら親子ともども仲良くしたい」だった。その想いを体現するために、保護者企画を募集し、放課後の「お宅訪問」や「親子参加のレクリエーション」などが生まれた。いずれも好評で、少なからず親子とも楽しみながらお互いの距離が近づいたようだった。そして学年の終わり頃には次第にクラス全体の落ち着きも出てきたようだった。

今振り返ると、他にももっと良い策はあったかもしれない。いや、なんでも良かった気もする。ただ、子どもたちのためになんとかしたいという私たち保護者の一生懸命な想いと、保護者同士、また保護者と先生方とで励まし合いながら協力して取り組んだその姿勢こそが子どもたちに有形無形にほんのわずかでも影響を与えたのではないだろうか……と思う。いや、そう思いたい。

あの時小学生だった子どももすっかり大きくなりました。あの当時の親の取り組みについてはほぼ記憶にないそうだが（笑）、これからの人生を、自分自身の力を信じて、また時には一人で悩まず周りの誰かと苦労も夢をも共有しながら存分に味わっていってほしいと心から願っています。

第2節　保護者にも教育課程説明会を

保護者の学校参加のポイントになったもうひとつの取り組みは、教育課程説明会でした。学校協議会で教育課程を説明（第八章第五節参照）したのなら、保護者にも教育課程の説明会を開こうということになりました。二〇〇二年四月二一日に「島小学校の教育が大きく変わります」と題して第一回教育課程説明会を開きました（資料㉓参照）。平日なのに一一三名中七三名（参加率六四・六％）が参加してくださいました。以下に示すのは私が三〇分話した骨子です。

保護者教育課程説明会骨子

1、二〇〇二年の学校五日制の完全実施と時間数の縮減

2、新しい学習内容として総合学習が始まります

（1）なぜ総合学習が新しくできるのでしょう？

（2）本校ではどのように作っていくのでしょう？

3、学校行事が変わります

（1）総合学習はその性質上季節的まとめ取りをする

（2）学校行事も教科学習と結びつきの強いものに

4、学校生活も変わります

（1）日課表の改訂（四五分休み・八〇分授業の新設）

（2）子ども参加を大切に（施設設備を子ども目線で見直し・クラブづくり・卒業式、入学式の司会）

5、学校を地域・保護者に開かれたものにします

（1）昨年一一月に学校協議会を創設

（2）その中の協議で体操服専門部会を設置。二一年間もそのままのモデルだった体操服の検討

（3）学校ボランティアに三人の方の登録

資料㉓

（1）第104号　　　はばたき　　　平成12年6月23日発行

はばたき

第104号
発行
島小学校PTA広報部
印刷
アインズ株式会社
児童数　166名
会員数　113名

教育目標

㋖ 気持ちの優しい子
㋟ 逞しい子
㋺ 馬力のある子
㋩ 励む子

みんなでつくろう　島小教育

完全学校五日制の導入で島小の教育が大きく変わります

二〇〇二年から完全学校週五日制になります。さらに、週三時間の総合的な学習の時間が創設されますから従来の教科の授業時間が少なくなります。

授業時間の減少に伴い教える内容も少なくなりますが、十分な授業時間の確保が必要です。そこで、行事は学習とより結びつきの強いものにします。音楽会とはばたき集会は一つにしますし、運動会は今までのようにたっぷりと時間をかけて練習することが難しくなります。四年生の荒神山合宿は直接体験を含んだ校外学習として発展させ、六年生の修学旅行は行き先を広島と変えて、歴史（平和）学習の一環として実施します。

ところで、総合的な学習の時間はなぜ創設されたのでしょう。それは第一に子どもの生活の深夜化などに見られる生活の崩れを土台とする学習離れが進んでいることです。第二に直接体験が減少しイメージを豊かに広げることができなくなってきているからです。

島小の総合学習は子ども達が学習の喜びを取り戻せるように「地域に根ざす」「体験を通して」「実感として学ぶ」ものにしたいと考えています。私たち教職員は精一杯の努力を傾けたいと思いますが、保護者・地域の方々のご支援でさらに豊かなものになりますようご協力をお願いします。

学校協議会と連携 ——体操服専門委員会——

PTAでは、学校協議会と連携し「体操服専門委員会」の場で、子ども達の体操服等の有り様について検討をしていただいています。

今後は、アンケート等を実施しながら進めていただくことになります。

地域に開かれた学校づくりをめざして

学校長　小島　幹彦

平素は、本校の教育全般にわたり格段のご支援を賜り心から厚くお礼申し上げます。

さて、本年度の児童数は、一六六名であります。『児童一人ひとりの瞳が輝く学校』『生気溢れる学校』を目指し、教育に対する情熱と限りない児童愛と使命感に燃えて、十四名の教職員が一丸となって頑張りたいと思います。

本年度は、いよいよ二十一世紀を迎えます。新しい学習指導に向けた移行期の一年目でもあります。

このような時、学校が地域の教育的専門機関として保護者や地域住民の皆様の信頼を確保していく為、学校の自主性・自立性を発揮し、より『開かれた学校』になるよう努めてまいりたいと思います。その為、施設・設備の開放はもとより、学校教育についてご意見をいただくような『学校協議会の開催』、参観を越えて児童と共に学ぶような『学校参加日の実施』、地域の皆様を講師としてお招きする『地域人材の登用』等を広く進めてまいりたいと思います。

教育の大きな変革期、学校の転換期を迎え、より一層の学校教育の向上に教員の資質の向上に努めて行く所存であります。二十一世紀を担う児童の為に更なるご支援をお願い申し上げます。

（4）保健指導など教師以外の専門的な指導も導入

身近なことからの質問もたくさん出されたので教育課程説明会は楽しい雰囲気の中で終わりました。てこの原理を使った道具がわからないなどの話から、数日後「一昔前なら特別意図せずして習得したものだったと思うと少し抵抗がありました。生活の変化から意図的に教えていかなければならない状況になったのだなあ。あまり人目を気にせずに納得しながら少しずつ協力したい」という手紙をもらいました。

第二回の教育課程説明会は六月に開催しましたが七名の参加者でした。ここではこちらが一方的に説明するのではなくQ＆A形式で行いました。「五・六年のトラブルの解決方法」「読書環境の問題」から「教職員の人事問題」までが話題になりました。中でも「学校の中で一番大切な卒業式の司会をなぜ子どもに任せるのか」という問いかけには愕然としてしまいました。「学校の主人公は子どもです。学校の中で一番大事な卒業式だから司会を子どもに任せるのです。私が司会をすることほど簡単なことはありません。子どもに司会ができるようにする。こんなに成長しましたよとみなさんにお見せするのが卒業式だと思っているわけです」と説明しました。こちらは頑張っていると思っていることもこんなふうに受け止められて、すれ違っています。こういう生の声に出会いながらゆっくり学校は作っていくものだと実感しました(2)。

第3節　教育活動に関するアンケートの実施

教育課程説明会を開いた年の一二月、説明したことを実際の教育活動の中で保護者に評価してもらうためにアンケートを実施しました。教職員にとっては自分たちのやってきた教育活動を評価してもらうわけですから、かなり勇気のいる取り組みでした。ですから、一番初めの項目は「教育活動の中でよいところや続けてほしいところ」にしました。校長がアンケート項目を二項目追加するなど、みんなで項目を考えました。保護者に一生懸命参加を呼び掛けて、七八%を超える回収率になりました。結果は、教職員が力を入れて取り組んだ「子ども主体の行事」と「総合学習」を来年も続けてほしいという意見が多数でした。この結果は教職員を励ますものになりました。この評価された二つの点は「学校でつけてほしい力」として保護者が期待しているものと表裏一体の関係になっていました。そこで左の表にあるように、子どもの実態と保護者の教育要求から出発して、教育課程編成の三本柱を設定することができました。

保護者の教育課程に関するアンケートと教育課程編成の柱

	評価された点	学校で付けて欲しい力	教育課程編成の柱
1位	子ども主体の行事	豊かな人間関係づくり	民主的集団づくり
2位	総合学習・地域学習	自立した学び	主体的学習
3位	暗唱賞	基礎学力	基礎学力

第4節　すれ違っていることこそ大切だ

先のアンケートの結果の中で、教職員の思いと大きくすれ違っているところがありました。それは休み時間に一年生から六年生までが縦割り班をつくって行う遊びでした。その遊びは第五章第五節にも書いたとおり、中止の放送が入ると、四・五年生から「ワー」と歓声が上がっていました。だから、やめたのです。ところが、保護者から「再開してほしい」という声がアンケートに出てきたのです。

そこで早速「すれ違っていることをどうするか」を職員会で話し合いました。私は「子どもは嫌がっている。親はやってほしい。すれ違っている両者が直接出会う親子討論会を実施してはどうか」と提案しました。しかし、「結論をどう導くのか」「子どもは親の前に行くと何も話せなくなる」という二つの理由から私の案は否決されてしまいました。結果として「四月の教育課程説明会で、家庭での縦割り遊びについての親子対話を提起し、五月の学級懇談会で意見を集約する」ことに決定しました。

この年の四月の教育課程説明会は保護者の三六％の参加で行いました。児童総会での異学年との意見交流や四五分の長い休み時間の中での自然発生的な縦割りの遊びなど「毎週水曜に行う縦割り遊び」以外にも縦割り活動はたくさんやっていること。高学年が自由な遊び時間を拘束されることを嫌がっている実態を説明し、親子対話を呼びかけました。この説明で保護者は納得したのではないかという雰囲気が教職員の中に広がりました。

ところが、親子の意識調査をすると、依然として親子の落差は大きく、教育課程説明会に参加していない層で理解が進んでいないことが明らかになりました。そこで、翌年一月に四年生から六年生の同席のもとで、第二回教育課程説明会を開き「学校全体の構想と休み時間に行う『縦割り遊び』の廃止」を提案することになりました。ねらいが二つありました。第一に高学年の子どもを同席させ、自分たちの生活に関わることがどこで決まっていくのか、はっきりと見せること。第二に保護者に提案する機会をつくることでした。第二のねらいについては当初、説明をするのか提案をするのかで議論がありました。保護者の参加の質を上げるということで、提案して率直な意見を聞こうとするようになりました。大きな前進です。これは実質的に教育内容を三者で決める試みになっていきました。

第5節　保護者は学校への信頼をどのようにして獲得したか

教育活動に関するアンケートには次のような子育ての悩みも綴られていました。

「すぐに宿題を始めないので眠くなってしまう」
「親が怒るとすぐにカッとなって子どもが物を投げる」
「他のお母さんとの交流が少なく、ふと子育てが不安になってしまうことがある」
「もっと学校での子どもの様子が知りたいし、親が抱えている悩みなどを担任に話せる時間を作ってほしい」

「高学年になると子どもの様子がつかみにくくなり、親もどう対処していいのか分からないときがある」
「親や祖父母のための子育て勉強会などもできたらよい」

これらの保護者の思いを受けて、職員会で討議しました。

・PTAの組織として作るより、保護者が自発的に組織していく方がいい
・一室開放してお茶でも飲める部屋が必要だ
・発起人を募る形でやってみたらどうか

などの意見が出ました。

そこで、二〇〇一年二月に学校だよりで「子育てサークルの発起人を募る」ことになりました。前述のような保護者の思いがアンケートに書かれていたことをお知らせした後に
「そこで、保護者相互の親睦を図りながら、少しずつ自分の子育てについて語りあって交流したり、子育ての悩みを出し合ったりできるような場を作ってはどうかと思います。会の趣旨から教職員が作ってしまうようなものでは目的を達成できませんので、この名前もついていない会の発起人を募りたいと思います。保護者のみなさんの力で自分たち自身の交流が進み悩みが出し合える場を作ってみませんか」と呼びかけたのです。

この呼びかけに、保護者の徳田さんたちが応えてくださいました。当時のことを徳田さんは

資料㉔

いつでも　どなたでも

子育てサークルへどうぞ！

一学期も半ばを過ぎ、学校で見る子供達も、そろそろその学年らしい顔になってきたようですね。

さて、今回は、今月のご案内とともに、"島小子育てサークル21"について簡単に紹介してみます。

Q1. いつできたの？　誰がつくったの？

A. 2001年3月に、島小の有志のお母さんが

Q2. なんのために？

A. 子育て中のお母さんが一人で悩まず、他のお母さんと手をつないで子育てを楽しめるように。

Q3. どんなことしてきたの？

A. 1. 先生を交えて、子供・教育全般についての懇話会
2. 子育て講演会を開催
3. 学用品リサイクル活動

Q4. 何人くらい参加してるの？

A. 少ない時で3人、多い時で12人。現在までで延べ約45人が参加

Q5. サークルに参加してのメリットは？

A 1. 学校での子供の様子がよくわかる。
2. 学校に対しての疑問・意見を直接先生にぶつけられる。
3. 今まで話したこともなかったお母さんとつながりができる。
4. 視野が広がり、子供の見方が変わる。

Q6. 一回行ったら、ずっと参加しないといけないの？

A. いいえ。いつでもどなたでも出入りは自由です！

Q7. 今月の開催は？

6月19日（水）12：20～13：30

島小会議室にて

（教育講演会のあと、講師の市原先生をお招きして）

※当日の給食申し込みをされていない方でも飛び入り参加大歓迎です！その場合は、昼食ご持参ください。

給食申し込みの〆切日が、11日(火)に変更されました

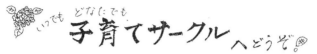

「早速子育てのことを学校で取り上げてくださり、『どうぞ会議室をお使いください。みなさんのご都合に合わせて小学校の休みの日以外なら、昼でも夜でもかまいませんよ』とお膳立てをいただいて、手探りの状態から二〇〇一年三月より、とにかくお母さん同士の輪づくりの場を毎月開きました」（資料㉔参照）とふり返ってくださいました。さらに、徳田さんは今までの保護者への取り組みについて以下のように語られました。

「ちょうど新しく学習指導要領が変わる時期でもあり、親としての少々の心配もある中、先生方が何度も説明会をもってくださり、その不安を一つひとつ丁寧に受け止めわかりやすく説明してくださいました。多くの保護者からも小学校に対する大きな信頼感が湧いた時期だと思います」

こんな思いを背景に「子育てサークル」が始まり、子育ての悩み交流はもちろん、講演会の開催、陶芸しながらのおしゃべり、学用品のリサイクルなどに活動が広がっていき、次に紹介する「お茶飲み会」などにつながっていったのです。

第6節　お茶飲み会　―愚痴から共同へ―（養護教諭　中村小百合）

「お茶飲み会」という発想の始まりは自分自身の子育ての悩みから。子育てがしんどい、いらいらする、自信が持てない、落ち込む、しんどいのは私だけかという不安等々。何とかそこから抜け出そうとして、乳幼児期なら保健センターでの育児相談や親の集まりへ出向き、そこでの何げない会話で、大変なのは自分だけじゃない、心配しすぎないで大丈夫と思え、気持ちが軽くなったことも度々でした。しかし、子どもが小学生になると、親の集まりといえば学級懇談会などで、その時初めて出会う親がほとんど、会話を交わすところまでなかなかいかない現実。そして保育園とは違って、特別に時間を作らない限り先生とは出会えず、話もできない。電話がかかってきたりするのは、子どもが何かしでかしたときだけ。意外と先生と話すのは何か緊張するものです。もっと気軽に先生と話したり、気楽な親の集まりがあったりすればいいのになあとよく思ったものです。

そこで思いついたのが「お茶飲み会」。何かがあってから集まるのではなく、何もないときに集まる。日常からの関係作りのきっかけにと。学期末の個別懇談会に合わせて、待ち時間や終わってからの時間に立ち寄ってもらうように。時間内ならいつ来て、いつ帰ってもよい集まりです。お茶を飲みながら、そのとき思っていることを話す。子育て大変あるある話やたわいもない話の中から、家庭の事情や家庭での子どもの姿などから親の気持ちが見えてくる。時には新しい情報、おもしろエピソードも。悩んでいることはどこも同じという安心感、困っているときはお互い様、乗り切るにはこんな方法もあるという先輩母さんからのアドバイス、うちの子のよその嬉しい姿など、話を聞き合う事で笑いが起こる。笑っただけである意味成功です。

お茶飲み会の発展で「リサイクルバザール」も開催しました。卒業生のいらなくなった学用品をもらって、安く販売するのです。これも母たちの声からで、体操服はすぐに汚れるし、小さくなるし、けっこう高いしと。値段設定、販売は有志の母たちがして、売上金の使い道についても相談し、学校生活で子どもに還元してもらうことができました。また、母だけでなく、父の子育て参加や悩み解消をめざして、「保健講座&交流会」と称して親父の会も開催しました。

何かが起こってから始まる関係ではなく、日常からの関係があれば、何かが起こったときにこの関係が力を発揮します。教師と親が一緒になって、子どものことを中心につながっていく。時には子どもに内緒で作戦を立てたり。それを可能にするために教師自身も自分の悩みや失敗をどんどん出して、身近で相談しやすい存在の教師でいる必要があります。これは親同士にも同じことが言える。子ども同士のトラブルも親同士がつながっていることで解決に違いが出てくると思うのです。親も教師も一人で悩まないでいいように、何もないうちから仲良くなって、お互いに話しやすい信頼関係を築きたいと思っています。

しかし、どんなにつながっていても不登校や問題行動は起こります。また親がいない家庭もあります。子どもにとって様々な困難な状況がある今、親だけ、家族だけではなく、子どもに関わる多くの大人がそれぞれの位置から子どもを支えていく必要があるのです。その支えられる大人のつながりをどう作っていくか。まずは身近なところでお茶を飲むところから始めてみませんか。「お茶飲み会」は今も続いているようにも聞いています。

コラム⑦「保護者同士が仲良くなり、何でも相談できる窓口を」徳田純子

島小学校は、私自身も学んできた、今も昔も相変わらず田畑に囲まれた小さな校舎で、私の在学中に新しく建て替えられた校舎に、また四人の子どもたちもそれぞれ六年間お世話になってきました。

単級の小学校という事で、クラスの児童環境はあまり変わりませんが、担任の先生をはじめとし、教科を受け持ってくださる先生方との関わりが関心事です。息子や娘、四人の子どもたちと保護者の私の見方はそれぞれでしたが、どの子も「植田一夫先生の授業はおもしろい」と、言っておりました。特に末娘は、二年間担任を受け持って頂き、毎日のように届けられる学級通信に、一人ひとりの子どもたちに、ちゃんと向き合って、指導してくださっている様子がよく感じられました。子どもたちの自主性を伸ばしつつ、権利と責任は一対であることも学ばせて頂きました。

当時の島小学校は、地域に開かれた学校づくりとして、小学校の参観や、運動会、ＰＴＡ総会などの行事以外に、校外学習や、スキー教室、学級農園、公開授業、子ども祭りなどにも保護者、そして地域の方々などにも案内や協力の声がかけられました。そのお陰で積極的に足を運ぶ機会があり、小学校の動き、子どもたちの様子が身近にありました。年度末には、学校評価のアンケートを取り纏めてくださり、地域の小学校の子どもたちは、先生方、保護者、地域がそれぞれの立場で見守り育てる、そのような実感も頂く事ができました。

その頃、私は保護者同士が仲良くなり、何でも相談できる窓口を小学校における と良いのではな

いかと思い、「子育てサークル」を立ち上げました。手の空いた先生に入って頂いたり、地域の方に入って頂いたり、その時々で参加者の方も多い日少ない日様々でしたが、このような取り組みを受け入れてくださった当時の小学校の、寛大さや視野の広さに支えられ、私も伸び伸び取り組ませて頂く事ができました。取り組みの成果を表せるものもありませんが、現在も、地域から、絵本の読み聞かせボランティアの一員として、当時の保護者友たちと共に小学校に足を通わせて頂いております。

今一度、植田一夫先生が子どもたちに指導されたことの一部ではありますが、私なりに振り返らせて頂きますと、「現在暮らしているこの場所において、自然に目を向け、地域社会のくらしやしくみに目を向け、人と人が助け合い、支え合いながら生きている事を学ぶ。その時、自らが何らかの形で人の役に立つ働きをしよう。と思い更にそこに喜びを見出すことができれば、地に足がつき、子どもたちは未来に羽ばたいていく事ができる」。そんな指導だったのではないかと思います。

注

(1) 親は顧客とは、学校教育はサービスを提供するもので子ども・保護者はそのサービスを受ける客という位置付け。教育は保護者と教師の協力・共同に成り立つものという考え方を否定するもの。

(2) この取り組みは朝日新聞二〇〇七年二月七日付 社説「子や親に開いた学校に」で取り上げられた。

第8章

学校協議会を民主的につくる

「子ども祭りにたくさん来てくれるかな」

第1節　学校を開くことへの不安　―教職員の専門性との関係で―

一九九九年、市教委は各小・中学校にこれまでなかった「学校協議会」をつくるようにと、期限付きで指示してきました。これ自体が「各学校で」を強調している新学習指導要領の趣旨に反するもので、各学校のそれぞれの事情をまったく無視するものでした。学校協議会というのは開かれた学校づくりの一環として、地域の方々と学校のあり方や教育内容について協議する場です。学校の外部評価を受けることもセットになっていました。私はこの討議に入る前に「学校協議会」についての教職員の意識を大切にしようと思い、アンケートを実施しました。

アンケートの結果は一口で言うと、「学校協議会」に対する教職員の不安が噴出したものでした。そして、イメージがわかない人がほとんどという状況でした。

＊学校では担えないような内容の要望が出てくると困る。できないことはできないとはっきり対応しなければならない。学校協議会は建設的な参考意見を聞くというレベルのものでとどまってほしい。

＊教職員としての立場・位置づけ。専門分野の方がどんどん入り込んできたときに教育のあり方、教師としての指導力が問われ、子ども、保護者、教師との信頼関係が崩れていかないか、もっと教師も専門的なことを身につけ磨いていかねばと感じる。

とたくさんの不安が綴られました。

第2節　職員会での民主的合意

アンケートをもとに職員会で討議し、次の五つの点を大切にして、協議会をつくっていくことについて合意しました。

①協議会への諮問は職員会の十分な合意を得て、学校長がこれを行う。
②協議会の討議内容は事務局が職員会に報告する。
③協議会の諮問内容については職員会の決定を優先する。
④協議会を構成する委員は保護者と教職員を中心に組織し、将来子どもが参加できるようにする。委員の任期は一年とする。
⑤協議会の事務局は教頭・教務が担当し運営に当たる。

合意したことをよく見ると、教職員の意識の中に不安があり、今までの体制を守ろうとする方向で考えてしまっていることが分かります。「協議会の決定より職員会の決定を優先する」を外部から見たら、なんと魅力のない協議会かということになってしまいます。同時にその中での教師の専門性とは何かということになります。いずれにしても、地域・保護者と対等・平等に出会うには、相当なてまひまが必要だと実感しました。

第3節　未来への宿題

職員会で合意したことをもとに作られた、規約などについての校長案を見てみると、委員には保護者を多く選んでいましたが子ども委員は明確に位置付けられていませんでした。そして、①、②、③は教職員の努力によるところが多いと感じていました。そこで、特に教師の専門性と子ども委員の問題について校長と私が協議しました。


私…職員会の合意をもとにすると四条に「教職員のリーダーシップを尊重する」という文言を入れたいのですが。

校長…ええやろ。

私…もう一つ、五条の構成員に子どもを入れて、当分の間、留保することができるというのはどうでしょう。

校長…それはなぁ、植田君。一一条の専門部会でやってくれ。いろいろな問題が出てきたときに子どもを入れることにして。協議会そのものへはなぁ。

私…でも、学校は基本的には子ども・保護者・教職員のものでしょう。子どもが主人公の学校なのに、その学校のことを決めるのに子どもが構成メンバーにいないなんて。

校長…そやけどなぁ。

私…留保条項もついているし、私たち教職員へ「協議会へ参加できるような子どもを育てよ」という未来への宿題と考えたらどうでしょう。


この結果、校長原案になかった協議会への子ども参加や教職員のリーダーシップを規約の中へ明記することができました。

近江八幡市立島小学校学校協議会（仮称）会則

第1条（名称）この会は近江八幡市立島小学校学校協議会（以下「協議会」という）とする。

第2条（事務局）この協議会の事務を処理するため、島小学校内に事務局を置く。

第3条（目的）この協議会は、島小学校の教育活動の推進にあたり、学校と地域の緊密な連携と協力体制を確立し、広く住民から意見を求め、もって校長の諮問機関として、学校運営に資するため、これを支援し、助言することを目的とする。

第4条（活動）この協議会は、前条の目的を達成するため、年三回開催し、他に校長が必要とするときは、会長と協議の上随時に開催するものとする。

2　この協議会は、島小学校の教育活動全般に関して求めに応じて協議し、教職員の専門性と指導性を尊重しつつ助言する。

①教育内容に関すること　②学習内容に関すること　③生徒指導に関すること　④その他

第5条（組織）協議会の委員（以下「協議委員」という）は、第3条の目的達成のため、学校・保護者・地域の関係機関の役員・民間企業から若干名を校長が委嘱したものをもって構成する。但し、子ども委員についてはその参加を当分の間留保することができる。子ども委員が参加できるようになった段階でその参加の仕方については別途定める。

第6条（役員）この協議会に次の役員を置く。

①会長　一名　②副会長　二名　③協議委員　若干名　④事務局　校長・教頭・教務

第7条（役員の選出）役員については次のとおりとする

（1）会長及び副会長については、協議委員の互選により決定する。

（2）庶務は、教頭及び教務をもって宛てる。

（3）顧問及び参与は協議会において推挙し、校長が委嘱する。

第8条（任期）役員及び協議委員の任期は一年とし、再任を妨げない。ただし、役員及び協議員の後任者の任期は前任者の残任期間とする。

第9条（役員の任務）役員及び協議員の任務は次のとおりとする。

（1）会長は協議会を代表し、会務を統括する。

（2）副会長は会長を補佐し、会長に事故あるときはこれを代行する。
（3）協議員は、この協議会の目的にそった事項について建設的に協議する。
（4）事務局は、会長・副会長を助け、この協議会に必要な資料を準備し、説明する。
2　顧問及び参与はこの協議会について指導や助言を行い、会長及び校長の求めに応じて会に出席し、意見を述べることができる。
第10条（会議）会議は、第6条に規定する役員及び委員をもって構成し、会長が議事を進める。
2　協議会は、会長及学校長の連名で召集する。
第11条（専門部会）この会議に専門的な事項を調査、審議、遂行するため、必要な専門部会を設けることができる。
2　専門部会に関して必要な事項は、会長が学校長と協議の上、別に定める。
3　この専門部員は、協議員の他にその専門に応じて若干名委嘱することができる。
4　専門部委員は会長が委嘱する。
第12条（会計年度）この協議会の会計年度は、毎年四月一日に始まり、翌年三月三一日に終わる。

第13条（会則の改廃）本会則の改廃は、協議会員の同意をもって行う。

第14条（付則）この協議会の会則は、平成一一年一一月一日より施行する。

平成一二年三月一〇日　一部改訂

第4節　「何を言うてもダメか」―学校の主体性と協議会の役割―

第一回の協議会が私の規約提案で始まりました。特に第五条の但し書きの説明をやや熱っぽくすると、子ども参加や子どもが参加できる力量を育てるということにたくさんの委員の方の賛意を感じました。提案が終わると、

委員A…「教師の専門性とリーダーシップを尊重しつつ助言する」ってどういうことや。私らが何言うてもあかんということか。

私…教育課程上の内容的、時間的制約や発達段階を踏まえた制約もあります。私たち教職員の専門性を発揮して、いい助言でも取り入れるか取り入れないか教職員が判断しなければならないということです。

委員B…リーダーシップって、日本語でどういうのや

私…指導性です。

委員B…指導でええがな

私が修正した「教職員の指導性」に質問的意見が出され、この質疑でこれからの学校協議会活動の前提をつくる重要な議論となり、とても意義深い会になりました。

第5節　新教育課程を協議会に開く

第1項　「文部省のいう通りやらないで」というけれど

第二回の協議会では、学校五日制の実施が盛り込まれている新教育課程の説明をしました。委員の反応は次の通りです。

委員C…企業から見ると、六日間で六〇〇万円の売上をあげるところを五日間で六〇〇万円あげなさいということと同じや。はじめっから五日間分でいいじゃないか。それなのに五日間で六日分やろうというところに無理がある。

委員D…五年生でやったことを四年生でしてもらいたいと思っているぐらいや。全く逆のことをしてほしい。もっと詰め込んでもらって。各教科の週当たり時間数というのは必ず守らなあかんもんですか。「二・五」の「〇・五」っておかしいわ。どちらかに割り振って、この学校の子は算数が得意だというふうにできんもんか。

委員E…子どもたちに「親友いるか」と尋ねると「ウーわからん」と言っていた。要ははじかれるのが怖い。学校の中で友だちづきあいができるように、放課後も遊べる本当に腹を割ってつき合える友だちが欲しい。見るからに良い子だが友だち同士のスキンシップがなくて、「喧嘩しても友だちや」、「何でも相談できるんや」という関係がつくれない。そんな関係を育てようと思っても、これは家庭もやし、学校も時間は短くなる。これでは日本はあまりよくなっていかない。全国の協議会から、これは反対やと言いたくなる。この方針に従わないほうがよい。

委員F…会話がないという現状から、子ども、保護者、教師で話すというのは良い。家庭でしゃべるというのではなく、三者が話し合うのが良い。A中が平成八年に荒れていて子どもとの会話がないというので「A中サミット」というのを始めた。今は落ち着いてきているので所期の目標は達成したのでやめようという話があるが、やっていることが大切で、今後もする必要がある。

司会…文部省にとらわれないで我が校独自のものを作っていくということですね。

我が校独自ということはとても結構なことに思えますが、議論の中には次に挙げる第三回協議会にも出てくる「下からの能力主義」(1)と思われる意見もありました。第三回協議会の様子です。

委員B…今日は是非話したいことがある。(と切り出し、他町やラジオ、読売新聞のアンケート、教育改革国民会議、IBMや日産の語学研修などの例を挙げて)英語をしないと何もできないという時代。遅れをとってはいけない。コンピューターができないと一〇〇分の五〇の可能性が消えて、その上、英語ができないと可能性はゼロになってしまう。学習の効果の上がる方法で取り入れてほしい。

委員G…今の英語の提案について、ますます日本の子どもにプレッシャーをかける。日本の子どもは被害者や。今、五〇歳から七〇歳の人が子どもやったらついていけへん。進みすぎた時代に子どもはどうやってついていったらいいのか不安もあるし、焦りもある。私らが子どものころはどこかでゆったりしていた。小四からインターネットやって、そして、英語というと一七歳の事件やないが、頭ばっかり大きくなっていく。日本が先進国として無理をしている結果が出ているように思う。そこまでしなくてはいけないのかという思いがある。

委員H…農業をやっている関係で、他の小学校から見学に来る。四年生もそうやな。大津は都市部なので興味があるみたい。ここの子は慣れすぎているのか…。どの学校も二面あって、興味のある子は前へ出てくる。興味のない子はへこむ。いくつかの選択肢があってもいいと思う。

委員A…今の意見、個性的な部分を言われたが、前のようにみんなが一つのものに向かっていかなあかんのと違うか。体操服の専門部会で個性ばかり言われる。もう一度協調性を重視する方向へ戻らなあかん時期にきているのではないか。社会に出たら規則を守らなければならない。若いお母さんから選択させたらどうか、もっと個性を出したらどうかという意見が出て戸惑った。個性も大切やけど協調性も大切や。

このように学校協議会では先にも書いた「下からの能力主義」の吹き上げやその象徴とも言える「英語問題」、「個性の尊重か協調性か」といった議論がされました。英語問題でのGさんのような発言がなかったら、たちまちその問題は委員対学校という構図の中で浮かび上がってきて、厳しい局面を迎えることになります。

第6節　体操服の改定を三者の力で　―体操服専門部会の実践―

第1項　体操服を変えよう！

子どもたちが通学帽をかぶらないことが職員室で話題になったとき「そういうことは子どもも入って決める問題やね」という意見がありました。その時、「子どもたち自身が身につけるものは子どもたちも入って決める」ということが合意になるなら、この問題から入って三者協議会の原型を作ればいいなあと思っていました。

学校協議会ができて専門部会の設置が可能になったので「二一年間もそのままで、子どもたちからも改定要求のある体操服問題を専門部会で取り上げてみたらどうか」と発議しました。

体操服を改定する方向が決まり、部員の構成について職員間で二つの合意ができました。

①子ども委員は部会の構成員の半数を超えること
②規約一一条を改定して保護者委員の中に公募委員を入れること

一つ目の合意の意味は、専門部会の中で子ども委員の数が半数以下だと子どもたちが意見を言いにくくなるからです。二つ目は体操服の変更は、保護者にとっては経済的負担が生じる問題だから、できるだけ主体的に協議の中へ保護者に参加してもらうことが必要だという思いから出たものでした。

この二点の合意を第三回の学校協議会で提案・可決して体操服専門部会を発足させました。第一回部会では、それぞれの委員が一通り意見表明をした後、意見交換をしました。

子どもA…男子の短パンはトランクスが見えてしまうので、膝まで伸ばしてほしい
子どもB…素材にまけて手足がかゆくなる人がいるので、バレーのハーフパンツのようにしてほしい
　短いのは寒いし、長いのは暑い
保護者C…生地によってかゆくなるのは夏も冬も？
子どもB…冬のズボンの方
保護者D…ポリ一〇〇％で伸びないし、空気も通さないからかゆくなると思う
保護者E…子どもが二年生で、ブリーフなので見えないけど、古いから見えるの？　新しいものでも見えるの？
教職員…古いとか新しいとか関係なく、逆上がりすると見えてしまう

結局、第一回は子ども、保護者の双方にアンケートを実施するということで終了しました。

第2項　ＰＴＡってなんだ

子ども委員は副部長に選ばれたＳ君を中心にアンケート作りを始めていました。保護者委員もＰＴＡ総会の後四人で集まってアンケートの案作りをしていました。翌日、保護者委員のＪさんから

「体操服を改定するかどうかは聞かないで、改定する前提でアンケートを取るのはおかしい。私も改定に賛成だけど、もっと幅広い意見を聞きながら進めたらどうか」

と異論が出されました。次に開かれた会議ではアンケートは体操服改定の賛否を問うところから始めるように合意されました。しかし、それとは別に

「何であんたら委員やってるの？」

の声に代表されるような学校協議会や体操服専門部会への無関心の問題。そして、体操服のことは本来ＰＴＡがやるべきことではないのかという疑問は解決していません。いずれにしても、この問題提起をきっかけにＰＴＡ本来のあるべき姿を考えることにつながり、同時に学校協議会とは何かを考えることができるようになればと思っていました。

ＰＴＡ本部役員会でもこれは自分たちの仕事ではないのかという意見も出されましたが、ＰＴＡ本部から体操服専門部会に選出されていたＫさんが

「ＰＴＡ主催の教育講演会で時間の余裕が出たときは、体操服専門部会から保護者へ体操服のことを直接訴える機会にしたい」

と自主的に発言され、ＰＴＡ内部に体操服問題を主体的に前進させていこうとする力が生まれてきました。

第3項　三者で決める

次の会議では、子どもアンケートの結果が報告されました。三・四・五・六年の八割が体操服の見直しに賛成。また、回収率八五％の保護者アンケートでも七割の方が体操服の見直しに賛成という方向が示されました。これで体操服の見直しが決定しました。アンケートの中で見直しの理由として特に多かったものは

①ショートパンツから下着が見えるのでズボン丈を伸ばす
②長袖シャツ・長ズボンは生地が伸びないので動きにくい、かゆくなるので生地を変えてほしい

の二点でした。この点を中心に検討が始まりました。

第三回・第四回は先の二点に中心を置きながら、色、デザイン、素材、価格などの検討と共に何点セットにするかなどメーカーさんにも来ていただいて話を進めました。その時大変苦労したことが次の三点でした。

①安定して同じものを供給してもらえること
②今の価格をできるだけ長期に維持してもらえること
③サイズが揃わなかったり、色・デザインの組み合わせがうまくいかなかったりしたこと

これらの問題点について子どもたちや衣料組合さんやスポーツ店の方と多くの検討を重ね、五点のモデルを展示することまでこぎつけました。参観日に合わせて五点のモデルを展示して、子ども専門部委員が作った『どの体操服がいいですか』というアンケートに答えてもらうようにしました。そのアンケート用紙には

「みんなの代表やお母さんたちの代表でみんなの意見をもとに、体操服について五つの案をみんなに見せることにしました。説明を聞いて『どの体操服がいいか』下の一～五の中から一つ選んで◯をつけてください。この意見をもとに体操服を決めていきますのでよく考えて◯をしてください」

と書かれていました。

残された問題はどのように新しい体操服に移行するかでした。来年度入学児は新しい体操服に指定、洗濯している時にはおさがりの旧服の使用を可とし、在学生は卒業するまで新旧どちらでもいい、買い替えるときに新しい体操服を買うということで合意しました。

体操服専門部会はみんなの意見を集約して体操服原案を作り学校関係者（学校協議会）、子ども（児童総会）、保護者（ＰＴＡ総会）、教職員（職員会）にそれぞれ提案します。最後にもう一つ、みんなでつ

くった記念に胸のマークを子どもたちや保護者に公募して決めることになりました。

いよいよ、本校で初めて、一つのことを四者で民主的に決めることになったのです。

今後の課題として第七章第二節で、第二回の教育課程説明会や個人的な要望として出されていた「読書環境を整えるために家庭に眠っている本の再利用」という保護者の声を具体的な事業の中へ提案し実施していくことがあります。保護者にも自分の言ったことで学校が変わったという実感をもってもらえたらと思います。そして、この問題は図書費という教育予算にかかわる問題であることを認識できたとき新しい運動を作り出すきっかけになると思います。

第7節　自分たちは権利ばかり言ってわがままか　―学校協議会への子ども参加―

第1項　子どもたちの報告と質疑

子どもたちが学校協議会の場へ出て、島小学校の取り組みを紹介することになりました。子どもたちは、パワーポイントでのプレゼンを交えながら、島小最大の行事「子ども祭り」のこと、クラブや委員会を自分たちの力で作っていること、四五分の休み時間がとっても楽しいこと、島小子どもの権利憲章で自分たちの生活をつくっていること、そして、その要に児童総会があることなど報告しました。報告したのは四年生一人、五年生二人、六年生二人の計五名の運営委員でした。報告後の質疑では

委員①　学級を越えた係活動ってどんな係があるの
子どもたち　日刊新聞ＷＩＮＧ、ビオトープ、音楽係です
委員①　○○係を作ろうと思えば作れますか
子どもたち　はい
委員②　一年生から児童会に入って賛成反対とやっているんですか
子どもたち　はい
委員①　小さい子がいろんなことを言って、あと、こわいということはありませんか
子どもたち　ありません
委員③　義務と言うこともあるんだけど、それを果たしていますか権利ばかり主張することはありませんか

六年生の尚志が答えようとするが質問の意味が十分理解できず答えられません。

委員④　したい、やりたいと主張ばかりで、やらなければいけないことをしているかということや
子どもたち　……
教頭　時間もないので宿題と言うことにしてはどうか

子どもたち　はい

ということで、子どもたちは次回の学校協議会へも出席して、質問に答えることになりました。協議会の副会長はその日の閉会挨拶で

「今日は子どもたちがきて、学校の様子を聞かせてもらいました。自分たちのことを学校の外で発表したりして、外で鍛えてもらうことはいいことですね」

と言われました。

第2項　自分たちは権利ばかり主張してわがままか

宿題をもらった子どもたちは、「自分たちは権利ばかり主張してわがままか」について考えることになりました。五年の万希は

「今、権利憲章があってどうかというと、やっぱりけんかなども少しはあるけど、島小が良くなったと思います。そして、権利ばっかり言ってなくて、しないといけないことをやっています。それは、例えば、しないといけない勉強や掃除、やらないといけないことは楽しいことにつながります。苦労してやってこそ楽しく過ごせる。つまり、やらないといけないことは楽しく過ごせる元なのです」と書きました。

六年の沙依はこれまでの取り組みの中で運営委員会の核的存在です。その沙依は自分のメモに

「権利憲章があるから私らは毎日楽しく生活できてると思う。体育館フリー計画ができたのも四条のおかげやと思うし」

「(体育館フリー計画は) ねばり強く。一年生の反対。もう一回計画。一年と遊ぶ、楽しい、で三回目、いっぱい全校」

「自分たちでよい学校を」

「インドネシアのこと (ジャワ島地震の学習や救援) を自分から進んでやっているからそれは学ぶ権利になっていると思う」

「自分たちの学習はまだまだ弱点」

「とっても素敵」

と書かれていました。

三月に開かれた第三回の学校協議会で子どもたちが宿題に対する返答をすることになりました。当日の参加は四名。四年生一人と五年生の万希、六年生の沙依と尚志。

応答が始まりました。万希はメモに書いたことを精一杯話しました。次は沙依。沙依はいつもと違い自信なさげに話しました。そのせいもあって迫力も説得力もありませんでした。たぶん考えがまとまっていなかったのでしょう。そんな場面で、最後の尚志はすっくと立って、

「この間、権利憲章は権利ばっかり言っているが、しなくっちゃならないことはしているのかという質問がありました。その質問に返答したいと思います」

とメモも見ないで切り出しました。

「権利憲章があるから僕らは学習することができます。例えば、『子どもが開く講演会』（資料㉕参照）など、子どもが作り自発的な活動をすることができます。そして、来てくださった講師の方に『ガザ地区の今』について教えてもらいました。このように子どもが自発的な活動で学習を作っています。他に講師を招いたりして、分からないところも学習できます。ですから、僕らは権利憲章に書いてある権利を使って学習ができます」

「権利憲章の児童総会で『置き便があるから楽しく生活できない』という意見がありました。置き便とは大便をしてほっておくことです。そのわけは『流す音で大便したと分かるから、からかわれるとか、くっさーとか言われるから』です。そこで保健・給食委員会が置き便問題に取り組んでくれました。そして、児童総会で安心して大便できる学校にしようと決めました」

と一気に話しました。私はここまで権利憲章を自分のものにしていた尚志に感動しました。次の年から学校協議会の場で子どもが島小の活動報告をする機会を持つことが決まりとなりました。

第3項　学校協議会への参加　―子どもたちが直接地域と出会うとき―

私は学校協議会への関心を創設時から持ち続けてきました。学校を地域の力で再生させる道筋がここにあると思ったからです。前半の五年は創設に関わり、規約作りや組織作りにも参加しました。そして、「意見は聞くが取り入れられるものと取り入れられないものがある。そこは教師の専門性で判断する」

ということを宣言することができました。

担任になってからも、オブザーバー参加を続け、子どもたちによる島小活動報告を協議会のプログラムの中に入れました。子どもたちによる活動報告は委員の中でも好評でした。印象的だったのは子どもたちの「子どもの権利憲章」の報告に対しての二つのやりとりでした。一つ目は前に書いたように「権利ばかり主張していないか」という問いかけに、六年生の尚志がしっかりと答えられたこと。

二つ目は、第一四条「島の子どもは、大変なとき、助けてほしいとき、みんなで助け合い、最後までやりとげる権利がある」についての質疑です。協議会委員の一人が

「こんな一四条があるのに、私の孫は二年生やけど、最近上級生に買ったばかりの筆箱を壊されたと聞いているが、どういうことか」

と問いかけられました。この問いに対しては子どもたちが明確な返答をすることができませんでした。しかし、このように学校の子どもたち同士の問題について子どもと地域の人がやりとりをする、それを教師が少し距離を置いて冷静に見ることができる関係ができている。このような関係を作り出すことはこれからの学校づくりにとっての展望を開くものになると確信しています。

資料㉕

子どもが開く講演会

テーマ・ガザ地区の今は…
1、日時・3月12日(木)　午後2時40分〜
〜3時30分
2 会場・島小学校会議室
3 講師・池田《いけだ》祥規《よしのり》さん、

ぼくたちは、イスラエルから、ガザ地区に攻撃があったときに、イスラエルとガザの歴史、などを勉強しました。
でも、まだまだ知らないことやわからないことがあります。その時、NICCOの人達がガザ地区に救援に入っておられることを知りました。そこで、ガザ地区の今をみんなに伝えたいと思いNICCOに連絡し、来てもらえることになりました。子ども祭りでかせいだお金で講演会を開くのでぜひ来て下さい。

1980年佐賀県佐賀市生まれ。開発学修士。2001年、早稲田大学理工学部在籍時にアメリカ西海岸を個人旅行中、9.11事件が起こり、平和活動への決意を固める。以後、英国ブラッシフォード大学交換留学、NGO職員、英国グラスゴー大学大学院を経て現職。モットーは、いつでも必ず希望はある

主催　島小学校6年

コラム⑧「みんなで決める事の重要さが、学校を中心に地域にどんどん浸透してきた時代」

大西美和

植田先生より、原稿執筆のお話を聞いたとき「なぜ私に」と思いました。どちらかというと常に対立し、お互いに熱い人間なので、何事にも頑張っておられた方だとは思っていましたが、常に議論し合う相手だったのに、「なぜ、今になって」と思いました。

新教育課程で各学校に「学校協議会」が設立されました。その時第一回から一〇年ほど副会長として参加させていただき、数々の事業や活動をご一緒させて頂きました。

私はスポーツ少年団の地元にあるバレーボールクラブの監督をしておりました。小さな学区の小さな小学校にあるクラブでしたが、活動する上で常に目標においていたのは、次の三点でした。

①小規模な学校でも大きな学校にバレーボール競技で勝つことができる
②幼少期に経験・体験したことは生涯の財産になる
③夢（目標）に向かって仲間と一緒に頑張ることは友だちづくりの基本で、かけがえのない友情づくりになる

私は、以上三点を常に心がけ、日々練習に励んでおりました。

私は、島学区の子どもたちを初めて預かった時、最初は「負けて当たり前、どうせ勝てへん」という気持ちの子どもたちを「勝った喜び、負けて悔しい」と思うように、学んでほしいと、一生懸命頑張りました。そうした結果、県大会、近畿大会出場と夢が叶いました。

そのような地域スポーツ少年団の活動を応援してくださる先生もおられたのですが、子どもたちの生活を見直すと月曜日になると子どもらが「ぐたっ」としている。それは、スポーツ少年団の子どもが多いと批判されたのが植田先生でした。しかし、私は、日曜日に一日休みだと何もせずテレビやゲームなどをしている子どもらに比べ、スポーツを通じて目標に向かって頑張っている子どもたちの方が、将来何事にも変えられないものが得られ、財産が残るものだと考え、その支えを私が手助けしているのだと、スポーツ少年団の活動を自負しておりました。

私は一〇年前に指導者の一線からは引退しました。しかし、現在は、その教え子が指導者となって私の後を引き継ぎ、監督・コーチ・マネージャーとなって現在もバレーボールを通じてスポーツ少年団を維持してくれることをうれしく思い感謝しております。

今でも、他の競技で活躍している卒団生が、小学生の時のスポーツとの出会いが、家族も含めて今もスポーツを好きになるきっかけになった。けがの少ない大切な体づくりができたのも、監督との出会いがあったからと喜んでくれるのが一番うれしいです。

ある時、テレビのクイズ番組で、「トリの唐揚げ」って何の肉？　という問題に、有名な某大学生が何も回答できない場面を見て、驚く反面、当たり前の常識を知らない若者がまだまだ多くいることを知り、「詰め込み学習」のもろさを垣間見ました、今、一番重要な「活きた学習」がなくなってきた結果ではないかと思いました。

島小学校では、農家の方がする菜種油づくりの全工程の、種蒔き、生育、刈り取り、天日干し、種取りを実践体験して、収穫した菜種を工場に持って行き、菜種油を精製して、地域の皆さんに事前注文を取り「島小祭り」で販売する。このような時間のかかる学習を、植田先生を中心に進めてくださったのを思い出しています。また、その時に精製された菜種油純度一〇〇％の油の中に、活きたムカデを入れておくと薬ができて、ムカデに刺された時に塗る薬ができることも、地域の年配者に教えてもらいました。

しかし、そうした活きた学習も今ではなくなってしまい、島小祭りもなくなりました。とても残念です。

学校協議会でも、常に地域の方々と素晴らしい議論がありました。たとえば、先生の方から「子どもたちが挨拶しない」と言われたときに、ある年配の委員の方が「先生方も家族の中で挨拶していますか？　大人が挨拶していないのに子どもがするわけないでしょ！」と、さらには「もっと地域の大人や親たちが見本を見せお手本となっていかなくては子どもたちは変わらないですよ」「まずは親たちが信用してもらえるようになれば、当然子どもは挨拶するはずだ」と言っていただいたとき、私は「その通りだ」と心の中でつぶやいたことを思い出しました。こうした良い話し合いが協議会でいろいろと出ました。

また、通学路の問題でこんなことがありました、当時琵琶湖総合開発の仕上げで、琵琶湖を一周する湖周道路が島学区を分断する状態で完成しました。生活道路としての交通の利便を図る目的はよく分かりますが、児童の通学路の安全に関しては重大な問題となり、横断歩道の設置や点滅信号の設置などについて、大いに議論したのもこの頃でした。

特に、学校協議会の会長と二人で、通学路を実際に歩き、児童の安全確保を図るには何が必要か、PTA役員と共に再三の点検活動をして、警察や行政関係部署にも要望活動に回り、いろいろと苦言を言われながらも無事に設置していただいたことは深く印象に残っています。

児童を取り巻く環境改善は、学校だけに任せるのではなく、常に保護者や学校協議会が手を取り合って、「子どものために動く」の精神で、一生懸命行動することが大事だと思います。

事例として、児童の体操服を決める時も、体操服専門部会だけに任すのではなく、保護者、先生方、業者の方たちと、話し合いを重ね、お互いが納得いくまで議論して素晴らしい体操服ができたと思います。

当時は、他の学校でも体操服の変更があったようですが体育の専門の先生と二、三人の先生の協議で決定されていたと聞いていました。しかし、島小では子どもたちを中心に、保護者にも納得が得られる体操服を決定するにはどのように進めていったらいいのかを、当時念頭に置いて進めていきました。

なぜ体操服を変えなくてはいけないのか、子ども用と保護者用のアンケートを実施しました。そして現状からの改善点を整理しました。ズボン丈の問題や、アトピー問題の解消や、早期乾燥できる生地に着目したり、細部にわたり研究しました。

業者選定においても、三者からモデル服の提示と見積もりを受け、値段の決定と併せて、三者のモデル服を会議室に展示して、全校児童に投票を実施しました。また、胸に入れるワンポイントロゴのデザインを公募して、新しい体操服を一年間かかって決定したのです。

何故そこまでしなければならなかったのか。常に「子どものために動く」の精神が、全てを動かしてくれたのではないかと思い出しています。

みんなで決める事の重要さが、学校を中心に地域にどんどん浸透してきた時代であったからこそ、できた事業だと思います。

注

(1) 下からの能力主義。能力主義教育とは一九六〇年前半、池田内閣の「人づくり政策」として登場。国家・企業の側に立つ経済の効率的発展の観点から、教育の価値を評価し、個人の人格や能力に即した発達を軽視する反教育性をもつ。受験戦争での偏差値による一元的序列化の風潮とあいまって教育荒廃の根源の一つとなった。これは政府の政策として上から行うものであるが、この上からの動きに国民の側からも応じようとするものを下からの能力主義という。(『社会科学辞典』新日本出版社、一九九二年、五二五頁)

第 9 章

教育課程の自主編成

総合学習「稲・米 World」稲刈り・稲架かけ

第一節　教育課程の自主編成の起点

第1項　戦前の郷土教育の持つ意味

本章は「はじめに」で取り上げた戦前の島小学校の郷土教育に立ちもどって考えることから始めたいと思います。戦前の郷土教育は「当時の教育の画一化を批判して、郷土教材を発掘して教育の実際化・地方化をめざした実践を展開した」とあります。どんな学習活動が展開されていたのかを見ていくことにしましょう。

「算術科の郷土化」の中の住生活関連教材として、校舎の長さ、高さや校舎入り口の幅、高さなどを表した図が示され、「本校の長さは玄関の幅の何倍か。また、二階までの高さは玄関の高さの何倍か」という問題があります[1]。また、実際に学年の収穫物を売りにも出かけています。「大八車に載せて、八幡町や近江兄弟社が経営していたサナトリウムに売りに行った。販売実習は当時普及していた生活算数の考え方によって行われたものだが実際には営農経費を作るためであった」と言われています[2]。木島温夫（二〇〇七）によると、これらの郷土教育は「よりよい村の建設を意図し農業教育が重視され、島村の発展につながるようにという位置づけがはっきりしていた」とも言われています[3]。

このようなのことを「教育内容の郷土化」と言います。算数の面積の学習では、実際子どもたちの目の前にある学級園の縦横を測って求めます。倍の学習も右に引用した通りです。校舎が動物園のようで水族館のようでもあるのです。これらを学習の中に取り入れて、我が郷土「島村」を知るところから学習が始まりました。子どもたちにとっては、身近にあるもので学習するのですから、わかりやすいものになっていたでしょう。これはまさしくこれから述べようとしている教育内容の自主編成の問題です。島小は戦前、郷土教育の名で、郷土にあるもので教育内容を自主的に編成し直すということに取り組んでいたということです。そして、本書の菜の花畑の実践に登場する田谷猛司さんはこの教育を受けた最後の世代ということです。このことを頭に置いたうえで教育課程の自主編成という問題について論じていきたいと思います。

第2項　現在の学習が置かれている位置

今、教室は、二つの側面から「学んで良かった」という実感を味わうことから遠ざかっています。一つは、能力主義にからめとられ「学校知」を習得することを目標にしている子どもたち。もう一つは系統性のない過密な教育課程を押しつけられ、落ちこぼれていくことを余儀なくされている子どもたち。この子たちにとって授業は「学んで良かった」と言えるものにはなっていません。教師の側を見れば、全国学力テスト体制や教員評価体制の中で教科書を何の疑いもなく教え、創造的な授業づくりに力を注げない現実があります。子どもや保護者とのトラブル回避のために精力を使い、明日をシミュレーションすることに追われ、子どもの実態を分析したり教材研究する時間を奪われ、自分の要求に基づかない研修に時間を割かれています。こんな現実があって、教師も、子どもとの授業中のやり取りから「学んで良かった」と言う状況を味わうことができなくなってきています。

第3項　総合学習「菜の花畑から見えてくる世界」を起点に考えたこと

第四章、第五章で授業の問題を取り上げてきましたが、最後に教育課程という観点から取り上げます。島小学校の総合学習が生まれてきた経過を少し述べます。

学習指導要領の改訂で今までの八教科に加えて「総合的な学習の時間」が創設されようとしていました。それを前に私は職員会で「総合的な学習の時間を核として考えると…」（資料㉖参照）を提案をしました。当時、総合学習をめぐっては今までの教育活動から切り離して「九教科目」を作るという方向性と、今までの教育活動との関係を重視していこうとする方向性が対立していたように思います。私の提案は後者の立場で、教科の学習内容や教科外活動の発展が総合学習になるという考え方を示したものでした。「九教科目を作らない」を常に意識していたように思います。だから、「総合的な学習の時間を核として考えると…」には、総合学習の領域と、教科や行事や教科外活動の領域の重なりを描いています。そして、「縄文土器を焼こう」を社会と図工と行事（秋の展覧会）などを総合する具体例として挙げています。また、それらの学習内容は子どもたちの実態、保護者の願い、地域の実態などから生まれることも明記しています。この考え方にもとづいて「地域から世界の見える総合学習」（資料㉗参照）に整理されます。そして、以下のような総合学習が島小実践として誕生しました。

三年　地域学習を豊かに展開する―地図学習から地域の歴史まで―（二〇〇九年度）（「はじめに」参照）
四年　菜の花畑から見えてくる世界（二〇〇〇年度～）（第四章参照）
五年　稲・米Ｗｏｒｌｄ（二〇〇七年度）（資料㉘参照）
五年　種・命のバトンタッチ（二〇〇七年度）
六年　足元から考える環境学習（二〇〇〇年度～）（資料㉙参照）
三年～六年　先輩からの贈り物―子どもの権利条約をくらしに生かそう―（二〇〇四年度～）（第六章参照）

第2節　日常実践への反映

教育課程の自主編成をまず総合学習から考えることは、当然のことながら日常の授業実践にも大きな影響を与えました。子どもの実態や地域の特質から出発するということは、子どもたちが授業に参加すればするほど、その指導内容に影響を及ぼすことになります。その時、教科書に書いてあることでは対応できずに内容を変更するということが例外なく視野に入るのです。そのことを具体的に示したのが、次に挙げる、二〇一〇年から勤めた八幡小学校での三年生の算数の実践です。

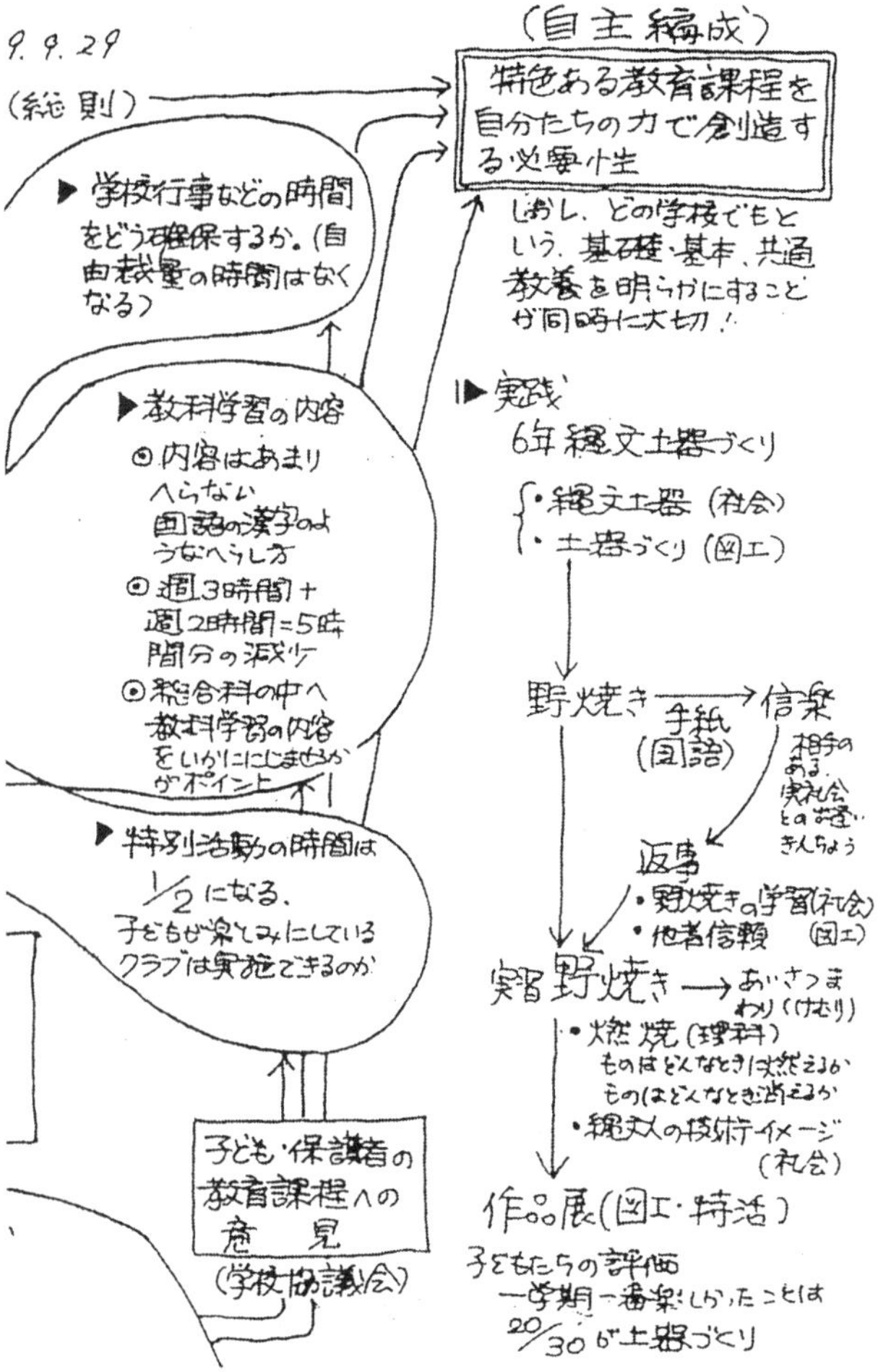
9.9.29
（総則）
（自主編成）
特色ある教育課程を自分たちの力で創造する必要性
しかし、どの学校でもという、基礎・基本、共通教養を明らかにすることが同時に大切！
▶学校行事などの時間をどう確保するか。（自由裁量の時間はなくなる）
▶教科学習の内容
◎内容はあまりへらない 国語の漢字のようなへらし方
◎週3時間＋週2時間＝5時間分の減少
◎総合科の中へ教科学習の内容をいかにになじませるかがポイント
▶特別活動の時間は1/2になる。
子どもが楽しみにしているクラブは実施できるのか
子ども・保護者の教育課程への意見
（学校協議会）
▶実践
6年縄文土器づくり
・縄文土器（社会）
・土器づくり（図工）
野焼き
手紙（国語）
信楽
相手のある。実社会とのお手紙きんちょう
返事
・野焼きの学習（社会）
・他者信頼（図工）
実習野焼き
あいさつまわり（けむり）
・燃焼（理科）
ものはどんなとき燃えるか
ものはどんなとき消えるか
・縄文人の技術イメージ（社会）
作品展（図工・特活）
子どもたちの評価
一学期一番楽しかったことは20/30が土器づくり

資料㉖

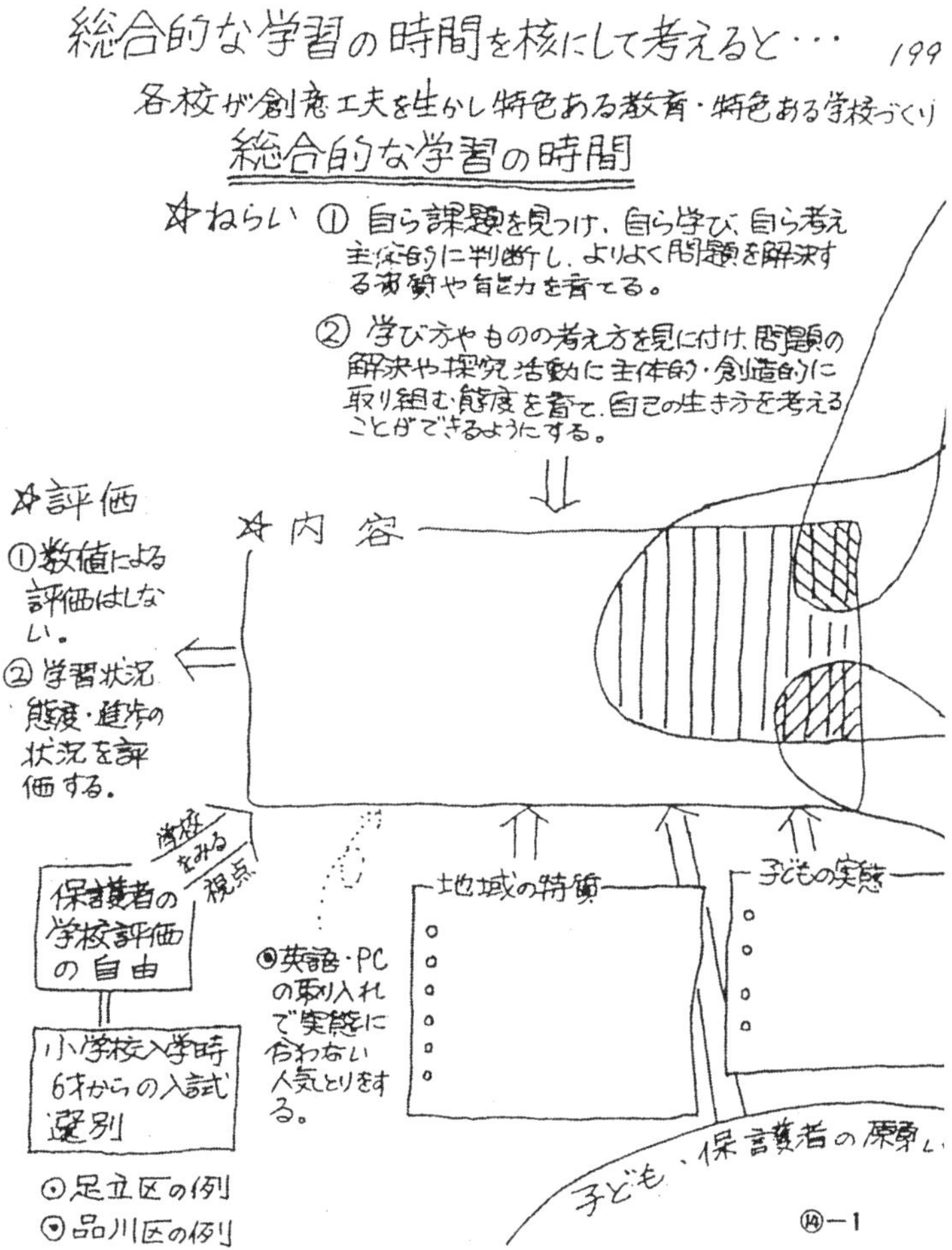

総合的な学習の時間を核にして考えると…
199
各校が創意工夫を生かし特色ある教育・特色ある学校づくり
総合的な学習の時間
☆ねらい ① 自ら課題を見つけ、自ら学び、自ら考え
主体的に判断し、よりよく問題を解決する資質や能力を育てる。
② 学び方やものの考え方を身に付け、問題の解決や探究活動に主体的・創造的に取り組む態度を育て、自己の生き方を考えることができるようにする。
☆評価
①数値による評価はしない。
②学習状況 態度・進歩の状況を評価する。
☆内容
学校をみる視点
保護者の学校評価の自由
小学校入学時 6才からの入試選別
⊙足立区の例
⊙品川区の例
◉英語・PCの取り入れで実態に合わない人気とりをする。
地域の特質
子どもの実態
子ども、保護者の願い
⑭－1

資料㉗

総合的な学習の時間全体計画

地域から世界の見える総合学習

２００３年４月　島小学校

◆教育の目標　平和的な国家および社会の形成者を育てる（教育基本法）

◆学校教育目標
ふるさとにほこりをもち
瞳輝く島の子
自ら学び、自ら考え、主体的に活動でき
心豊かで　たくましく生きる児童の育成

◆めざす児童像　はげむ子　ばりきのある子　たくましい子　きもちのやさしい子

◆教育活動の重点
基礎学力　主体的学習　民主的集団づくり

地域から世界の見える総合学習

◎はじめに子どもありき
◎子どもの興味や関心を大切にする
◎地域・学校の特質を生かす
◎子どもと共同で学習をつくる
◎主体的に学習する力を育てる

	学年	中心となる活動	
教	1	学校大好き	性教育
	2	島っ子探検	
	3	島大好き・近江八幡大好き	パソコン
科	4	I love shiga 菜の花畑から見えてくる世界	
発	5	米・こめ WORLD 長命寺の漁業の世界	英語
展	6	体験！昔の暮らし 平和を考える ヒトと環境（葦は琵琶湖の恋人）	
v&s フェスタ		島小子ども祭り （学習のまとめ・成果の発表・表現）	

教　科　・　領　域

学校評議会
（ＰＴＡ）
○地域
○保護者
○子ども
○教職員

子どもと
教員が
つくる

●身近か
●典型的か
●ねらいと
の関係

地域・人材リスト
◎ヒト
◎モノ
研究紀要参照

共同研究の保障
◎学年部会
◎教材研究の日
共同研究の
仲間と時間
の保障

教師専門性 → 授業改善

子どもの学校通信簿
心に残る授業から
①思い切って力が出せた
②できないことだできるようになった（憧れ）
③自分たちで最初から最後までやり切った
④新しい世界が見えた
⑤困難を自分たちで乗り越えた

子どもの実態
①明るく素直で、好奇心旺盛
②友だちとの関係が豊かに結べず自己表現が豊かにできない（自己決定ができない）
③異質共同ができず、同調傾向が強い
④継続して課題を追究する力が弱い

地域の特質
①豊かな自然環境
②昔の生活技術を伝えるヒトがおられる
③生産と労働の現場がある

保護者の願い
①確かな学力をつけて欲しい
②豊かな人間関係を築いて欲しい
③自分から学ぶ力をつけて欲しい
～２００２年保護者アンケートより～

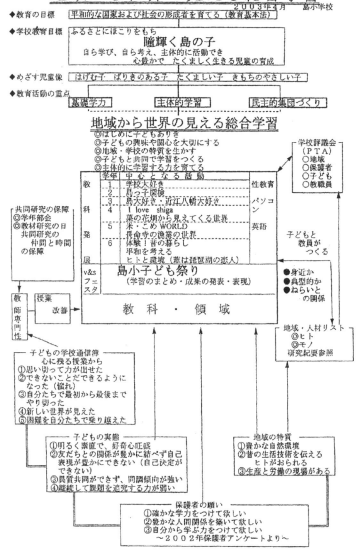

資料㉘

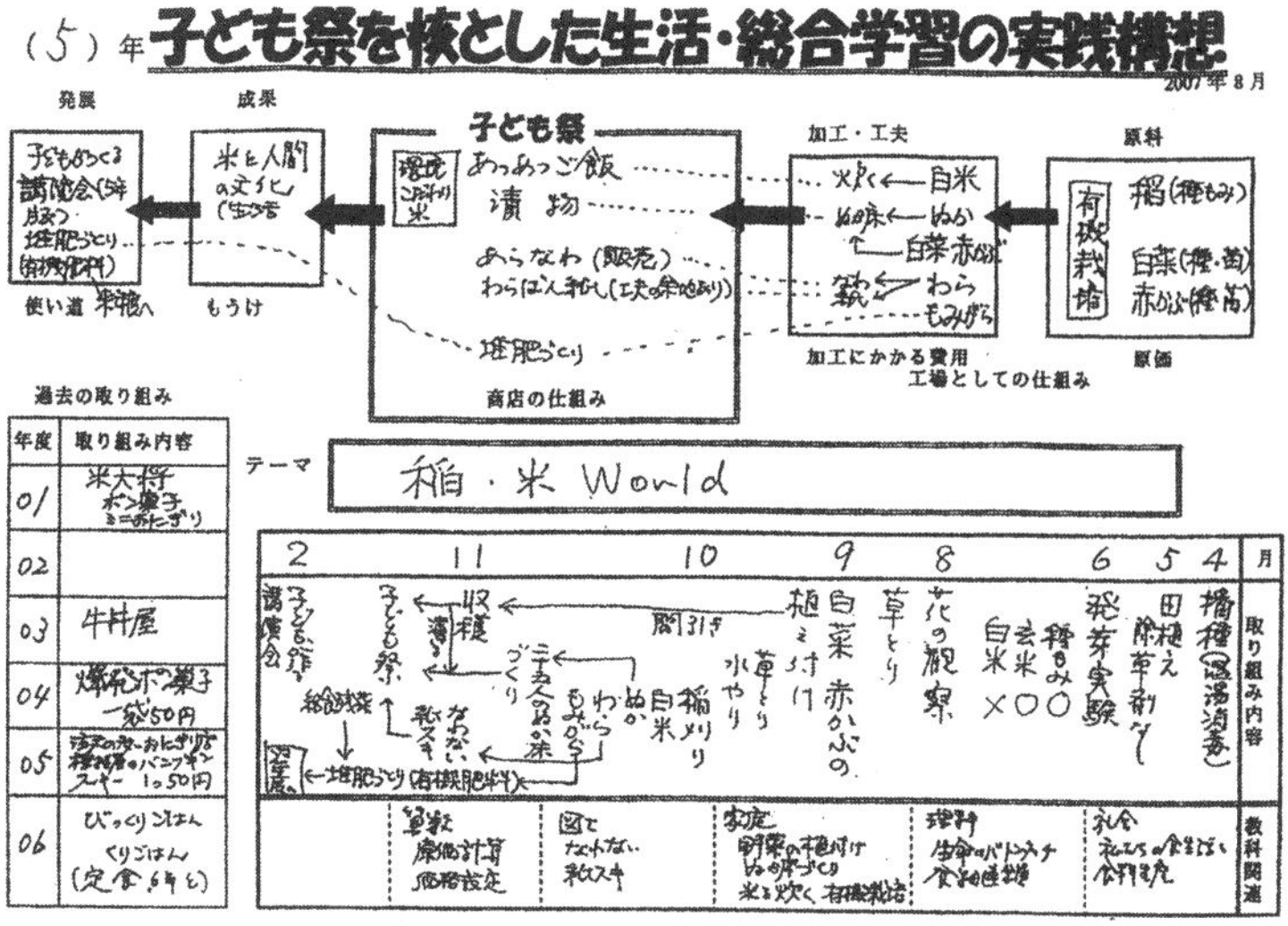

（5）年 子ども祭を核とした生活・総合学習の実践構想
2007年8月
発展
成果
子ども祭
加工・工夫
原料
使い道
もうけ
商店の仕組み
加工にかかる費用
工場としての仕組み
原価
過去の取り組み
年度
取り組み内容
テーマ
稲・米 World
月
取り組み内容
教科関連

資料㉙

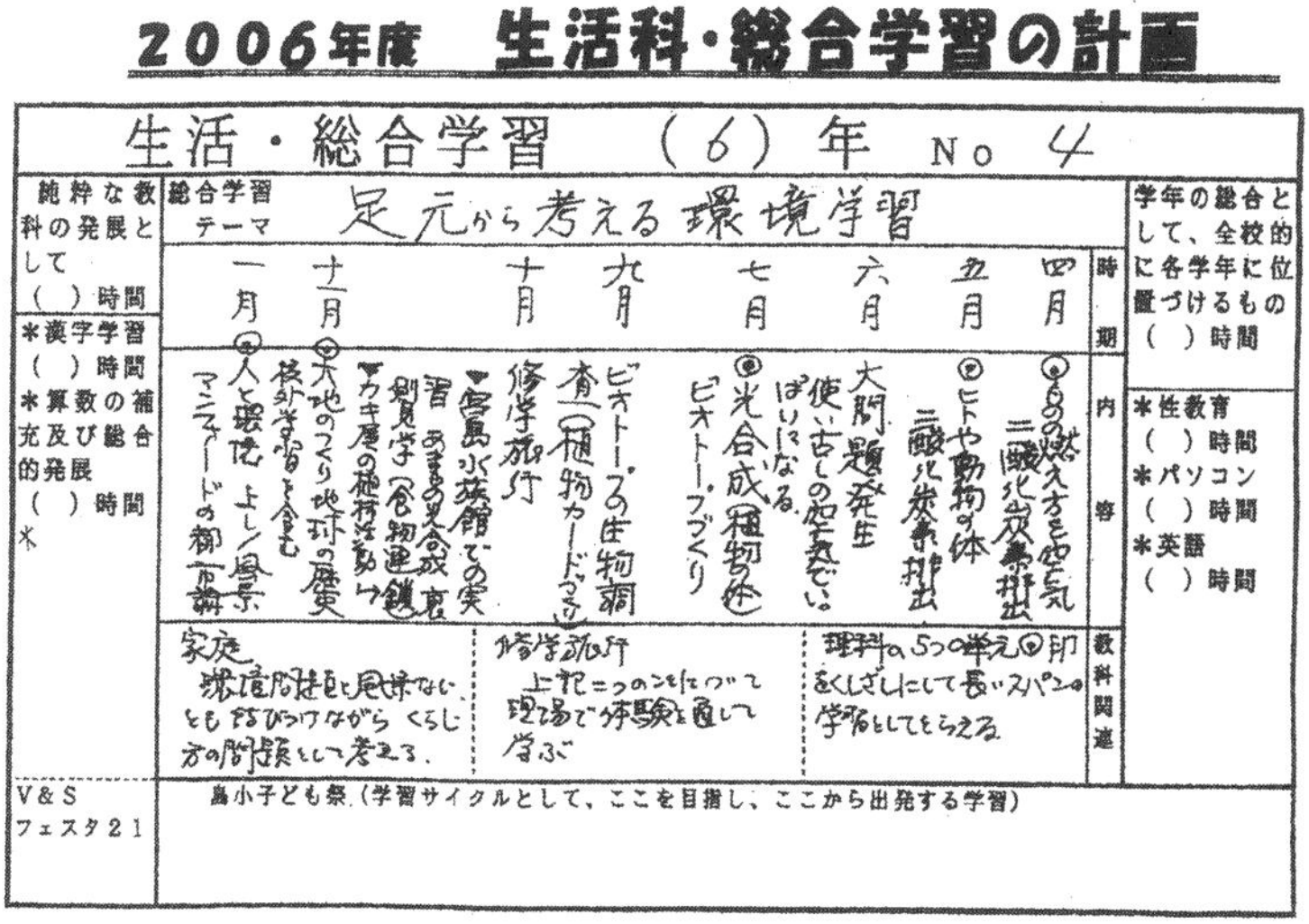

2006年度 生活科・総合学習の計画
生活・総合学習 （6）年 No 4
純粋な教科の発展として
（ ）時間
＊漢字学習
（ ）時間
＊算数の補充及び総合的発展
（ ）時間
総合学習テーマ
足元から考える環境学習
学年の総合として、全校的に各学年に位置づけるもの
（ ）時間
＊性教育
（ ）時間
＊パソコン
（ ）時間
＊英語
（ ）時間
時期
内容
教科関連
V&S フェスタ21
島小子ども祭（学習サイクルとして、ここを目指し、ここから出発する学習）

第1項　教科書検討から「大きな土俵」を広げて　三年生算数・三角形

(i) 三角形って何？

教科書の導入は「円が書いてあって、円周上の等間隔に並んだ点と円の中心があって、それらを適当につなぎ合わせ、いろいろな三角形を書いてみよう」というものでした。この導入では三角形の本質が教えられないと思い、三角形をどう定義するかから学習を出発させました。

まず、子どもたちに「三角形って何？」って聞いてみます。そうするとおにぎり、サンドウィッチ、山、角などから、頂点が三つあるもの、角が三つあるもの、辺が三つあるもの、直角がある、いろいろな種類があるなどが出されました。

そこで、こちらから「三つの直線で囲まれた形」と定義します。そうすると、「本当にそれで三角形ができる。おもしろい」「何個でも三角形が簡単にできる」という子どもたちの感想が返ってきました。しかし、子どもたちが口をそろえて言ったのは「九〇度だと思っていた」「直角じゃなくても三角形なんだ」ということでした。

このように子どもたちが考えていた原因はすぐに分かりました。二年生の算数の授業のときに教科書を検討せず、そのまま教えたために生まれた誤解でした。結果的に二組の三角定規を三角形として教えたために三角形の条件として直角が認識されたのでしょう。しかし、ここではまず一般的な三角形、つまり「ただの三角形」を認識させておくことが、これからの学習展開の中で重要なことになってくるのです。

(ii) 形のはじまり

この学習である子が書きました。「三角形はどうやって使うの？」こういう問いが返ってくると、ドキッとします。こちらも力を入れて三角形とは何かを考えてみます。「建築や設計の世界では重要」なんて話もできますが、私自身は何に感動して教えているのかと考えてみました。そこで、次の時間、「三角形は形のはじまり」という学習を組みました。

「なるほど、一角形も二角形もないなあ」「三角形しかないと思っていたけど四角形もあるんや」さらに、「後ろの子が七〇角形書いてやった」と、子どもたちの反応は三角形は形のはじまりという本質的なものを捉えていました。このように展開してこそ、三角形の中での直角三角形（三角定規）の位置づけも、図形全体の中での三角形の位置づけも、明確になってくるのだと確信しました。

(iii) 長さに注目すると、角に注目すると

次に子どもから出てきた「三角形では他にも形はないんですか？」という問いについて学習しました。長さ（辺）に注目し、「すべての長さが違う」「二つの辺が同じ長さ」「三つの辺の長さが同じ」と種別し、それぞれ三角形、二等辺三角形、正三角形と名付けます。「三つだけじゃなくてもっと種類がないのか」と子どもたちは考えます。算数が少し苦手の小春が目を輝かせて「それじゃ。角もある。角だったら、直角三角形かな」と考える視点とヒントを出します。このヒントを頼りに角に注目します。「すべての大きさが違う」「二つの角が同じ大きさ」「三つの角の大きさが同じ」と種別し、それぞれ三角形、

二等辺三角形、正三角形と名付けます。そして、先ほど小春が出した直角三角形が再び注目を集めます。直角が一つあれば直角三角形。ここで「三角形に直角は二つあるか」という問題が出されます。実際に書いてみると、前時の二角形で考えた「平行線」が出てきます。小春は「ふたを閉めないと形にならない。四角形になってしまう」と言い、他の子どもたちも「囲もうとしたら四角形になってしまう」と言い出し、三角形には直角は一つしかないことが分かります。また、学習感想の中に「どんな向きになっていても二等辺三角形なのか？」と向きが問題になるのかを問う声もありました。図形はいろいろな角度から見ることも重要だということも共有しました。

(ⅳ) 七〇度の正三角形はあるか？

小春は三角形の学習にのってきました。「適当な線を三本引くと角が三つ。直角一つは直角三角形で、角を二つ同じ大きさにすると二等辺三角形になる」と自分でまとめ、三角形の学習を「想像を広げるたんびに、さらなる三角形が産み出される」と書きました。他に「この間は、長さで三角形、二等辺三角形、正三角形。角の時も三角形、二等辺三角形、正三角形で、なんか辺と角と似てるな。辺や角を揃えると両方とも同じ名前になるからです」と気づく子どもも現れました。

私が正三角形は一つの角が六〇度ということにふれると、「七〇度の正三角形はあるか？」と問うてきます。私は、三角定規の角の大きさなど例に出して、どの三角形も三つの角を合わせると一八〇度になることに気づかせました。そして、三角形を集合図（資料㉚参照）に表し学習をまとめると、子どもたちは「この図を書くとイメージが膨らむ」と言っていました。

（ｖ）コンパス一つで　それじゃあ

次は、書かれた三角形をどう判断して名付けるのかという問題に取り組みました。円の学習でコンパスは円を書く道具でしたが、ここでもう一つのコンパスの使い方にも触れておきました。長さを測りとる道具としてのコンパスです。コンパスを三角形の一辺の長さに合わせて開き、長さを測りとって別の辺の長さと比べることを繰り返すと、ただの三角形か、二等辺三角形か正三角形かが分かります。みんな「コンパスはすごい道具だ」と言っていました。

この学習の中で、またも小春が「コンパスは長さ、それじゃ角を測りとれるものってあるの」と問いかけてきました。そこで、分度器の紹介をし、さらに限定的だが二種類の三角定規の六つの角の大きさを覚えておけば、その組み合わせで角の大きさを測ることができることを教えました。そのことが分かると、組み合わせて足し算したり引き算したりして楽しんでいました。教科書の最初にあった「三角形と円」の学習に触れてこの学習を終えました。

資料㉚

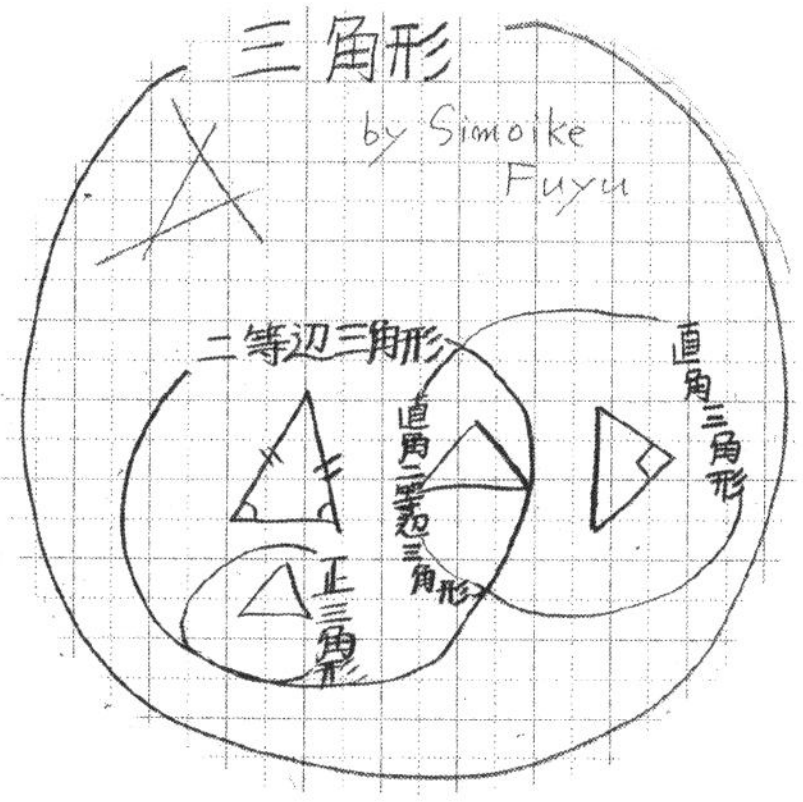

（ⅵ）自分発の主体学習の展開

この学習の中での小春は、すすんで毎時間学習感想をよせ、次々と問題を提出して主体的に学習しました。自分が出す疑問が次々と解けていく、そして、三角形の世界がどんどん広がっていくことに喜びを感じたのでしょう。わたしはいつも各授業の内容について学級通信で伝え残していましたが、この算数の学習では一三枚も学級通信を書いて学習を展開しました。多くの子が三学期の心に残る授業として、三角形の学習を挙げていました。

第３節　総合学習の発展

私が取り組んだ総合学習は八幡小学校で発展を見せました。八幡小学校は近江八幡市の中心部、市街地を校区に持っていました。総合学習は島小学校のような生産と労働をベースにしたものから変化し、世の中の動きや目の前の子どもたちの様子を反映したものに発展していました。ここでは二〇一一年に起きた東日本大震災に関連する二つの総合学習を取り上げます。

第１項　総合学習「ふるさと」

（ⅰ）はじめに

三年生の学年会で一〇月の歌声集会で歌う曲の選定をしていました。学年の大勢はアイドルグループ嵐の「ふるさと」がいいと言い、その歌に決まりかけていました。「夕暮れ迫る空に、雲の汽車見つけた…」と言う出だしで二〇一〇年の紅白で歌われ、その後、東日本大震災の被災地でも歌われたらしいです。しかし、私は

「三年生の子どもたちの多くが『ふるさと』と言ってもイメージできない」と、このまま歌うことに異論を唱えました。

「ふるさとは　遠きにありて　思ふもの　そして悲しく　うたふもの（中略）帰るところに　あるまじや」（室生犀星「小景異情」より）

「ふるさとの　訛なつかし／停車場の人ごみの中に／そを聴きにゆく」（石川啄木「一握の砂」より）

生まれ育った土地から移動していない多くの子どもたちにとって、ふるさとを意識することはとても難しいことです。そうすると、歌詞の意味も分からない。そこで、子どもたちが「ふるさと」を意識できるように、次の観点から総合学習を組むことを提案しました。

(ii) 総合学習「ふるさと」の指導計画

①二〇一五年九月一〇日の関東・東北豪雨でふるさとを失った人々を取り上げる

②東日本大震災の津波被害でふるさとを失った人から考える。その中でも深刻な被害となっているフクシマを取り上げる。避難地域を解除されても、帰還するのは一割。このふるさとに帰りたくても帰れない人の気持ちを考えてみる

③シリアの難民　ふるさととは内戦（アサド政権対反政府組織、ロシア対アメリカ・西欧、アサド政権対ＩＳ）。ふるさとを捨ててトルコ→ギリシャ→ドイツ。トルコの海岸に打ち上げられた男の子（アイラン・クルディ君三歳）の遺体。この人たちにとってのふるさととは

④村西耕爾さん（八景会・代表世話人）のお話からふるさと八幡を考える。京都に住んでいたが、第二のふるさとを「八幡と決めた」。そして、八景会を組織し、縦走路の整備をはじめとする八幡山の景観の保全に取り組む。このお話から自分たちのふるさと八幡を見直す

①～④の具体例の中から④は必ず実施。その他に①～③の中から二例以上取り上げて授業する。

⑤これらの総合学習の過程で生まれてくる子どもたちの思いを詩などで表し、群読などの手法で表現し出し物の一部にする

⑥嵐「ふるさと」の歌詞の詩の授業をする

(iii) どのように授業を展開したか　指導計画の修正を含む

①ふるさととは　現状認識と二〇一五年九月関東・東北豪雨

「ふるさとって何？」と子どもたちに尋ねても、予想通り反応はあまり良くありませんでした。しかし、ふるさとを感じている子どもが数人いたので聞くと、転校した経験のある子を中心に「ふるさとは

懐かしい感じ」とか、「大阪のアパートを思い出す」などが語られました。その後、この授業の一ヶ月ほど前にあった九月の関東・東北豪雨の水害の二枚の写真で考えました。写真の中の顔を覆うようにしている人は何を見ているのか。授業後の感想で子どもたちは「気持ちが痛い」「今まで住んでいた町や家や家族が流されてしまう」「ふるさとがなくなってしまう」と書きました。

②東日本大震災とふるさと

二〇一一年三月一一日の東日本大震災の津波被害、そして、福島原発の爆発による放射能被害、帰還してもいいと国は言うのに一割の人しか戻らない楢葉町のこと、朝日新聞二〇一五年九月一一日付声欄「福島の祖母の家に行ったけど」（中一の投書）を教材として取り上げました。

子どもたちは「みんなの夢が壊れてしまう。福島の人にも夢があると思います」、「福島のおばあちゃんちに安心して行けないのがかわいそうです。なぜなら、おばあちゃんが好きだからです」、「原子力発電所が津波で爆発して、子どもが安心して、福島の自然に触れて自由に遊べない。そんな環境を僕は絶対に作りたくない」などの感想を書きました。

③シリアの難民問題

有刺鉄線を越えて行く難民の写真、二〇一五年九月二日早朝、トルコの海岸に打ち上げられた男の子の写真、欧州を目指す難民のルート地図。スウェーデンで難民を歓迎する一万人の写真などで授業をしました。

「日本は海に囲まれているので国と国との間に仕切りがあるなんてびっくりしました。シリアの九〇%の人が学校へ通えて、真ん中ぐらいの豊かさだったのに、内戦が始まって、何でかなあと思いました。私は戦争はいやです。何で近くに住んでいるのに、みんな一緒なのに何で戦争するんだろうと思いました」

「私はふるさとがまだあって、帰れるけど、シリアの人たちはふるさとがあっても置いていかないと、命が危ないから置いていっているのは悲しい」

「難民は国境を越えてでも生きようとする事がすごいと思います。日本は小さい国だけど難民を受け入れなくてはいけません」

と子どもたちは返してくれました。

④村西耕爾さん（八景会・代表世話人）からふるさと八幡を考える

「八幡山の景観をよくする会」の村西耕爾さんに来ていただいて直接お話をお聞きしました。子どもたちの感想です。

「村西さんのふるさとは京都です。でも、八幡が好きだし、京都に帰れないぐらい好き。やりがいは仲間で汚い八幡山を美しくきれいにできたらうれしいこと」

「僕は八幡にこんな自慢できるのが多いからうれしいです」

「私は（村西さんたち主催の）タケノコ堀りも山登りもやったことがありました。村西さんはきれいに使いやすくしてくれるから、私はみんなのためにやってくれていると思いました」

「大変だなあと思いました。でも、村西さんは『楽しい』と言いました。同じぐらいの年齢の人とやっているから」

「八幡をふるさとみたいに感じている」

ここまでの学習を通して「ふるさと」を歌う意欲が膨んできました。

⑤子どもたちの思いを詩などで表し、群読などの手法で表現し、出し物の一部にする

「ふるさとって何？」と改めて考えてみました。するとこんな呼びかけの言葉が学習の中から紡ぎ出されました。

無くなってしまったら苦しい思いをするもの／心に残るもの、忘れられないもの／形はないのに心にあるもの／お母さんと雪だるまを作ったり遊んだりしたいろんな思い出のある場所／お腹を乗せてひねって足を離すとぐるっと回って嫌なことがどこかへ行ってしまった公園のブランコ／家の隣の散髪屋さんのあと、そこを通るとおじいちゃんを思い出す／玉なしの自転車の練習をした八幡町の坂道／毎日行って家族ぐるみで遊んでいたヴォーリズ記念病院の坂道／三歳の時ブランコを押してもらったり、鬼ごっこしたりした思い出の詰まった沖島の公園／八幡は今はふるさとと思えない人もいるけど、大きくなったらきっとふるさとになる／そして。今、やっと「ふるさと」を歌うんだあと思えるようになりま

した

(iii) おわりに

歌詞の授業の中で、嵐の「ふるさと」の歌詞の中から好きな言葉をみつけて理由を共有しました。「ふるさと」はとても心のこもった歌声になりました。

様々な状況の学習を積み上げることで、いろいろな立場から「ふるさと」とは何かを深めることができました。それは、最後の呼びかけづくりのそれぞれの表現に現れています。やはり、子どもたちの実態を大切に学習を積み上げることの重要性を感じました。しかし、学習課題が三年生には難しいのではないかという課題も残ります。この課題については、難しい問題を「ふるさと」を切り口に考えてみることで少しは緩和されたのではないかと考えます。

第2項 総合学習「フクシマとヒロシマ」

(i) 社会と呼吸しよう

二〇一一年四月、私は六年生の担任になりました。三・一一をうけて、学級通信の名を「呼吸」としました。社会と呼吸する。つまり、「社会の出来事について知り、それと応答することによって社会の見方や考え方を豊かにする」ということを学級づくりの底流に流そうと思いました。震災のその後を注意深く見ていくと、この国で人間が大切にされているかどうかが見えてくるからです。

四月八日、学級通信の第一号でさっそく「社会と呼吸しよう」と呼びかけました。そして、「東日本大震災」をテーマに新聞の切り抜きに取り組みました。私も震災ボランティアに参加し、八幡小の子どもたちからの手紙や救援物資を届けました。そして被災地で撮った写真を学年全クラスの子どもたちに見せました。その後、被災地から三通の手紙が届きました。その中の一通は香さんへの返信でした。そこには、津波から逃げて日和山公園にやっとたどり着いたようすがなまなましく表現されていました。

六月になると、国語科で「意見文を書こう」という学習が始まりました。新聞の投書を扱ったものでした。そこで、一〇代の人の東日本大震災に関わる投書を集め、それを読み合いました。そこでは「意見」と「その根拠になる事実」をていねいに読むことに力を入れ、自分たちがこの学校に居て感じた三・一一の体験から書き始める意見文をそれぞれが書き、自分の家か学校がとっている新聞社へ投書しました。

その中で香は「被災地との心の交流」をテーマに書きました。また、菜奈は自分たちの住んでいるところと福井の原子力発電所の関係で意見文を書き「原発を無くして欲しい」と書きました。残念ながら新聞で取り上げられることはありませんでしたが、その後も投書欄への関心は続き、自主学習の中で投書を切り抜きコメントする子もいました。その中で、舞は二種類の「原発やむなし」の投書を切り抜き、それへの賛意をコメントしました。私はその頃、広島に行く機会を得、中国新聞の中に「フクシマとヒロシマ」という特集を見つけていました。

（ⅱ）指導計画

（1）目標

ヒロシマやナガサキに落とされた原子爆弾の学習を出発点に、東日本大震災を機に現在の日本社会に暗い影を落としている原発問題について考え、日本の未来像について思い描くことができる。

（2）指導計画　全　四五時間

①社会に目を向けよう（呼吸しよう）（総合）　五時間

a、新聞の切り抜き

b、意見文（国語）

c、イースター島（国語）過去の遺産の継承より、未来のために何をするのか

②一五年戦争（社会）　一五時間

a、第一次世界大戦

b、成金と労働者

c、中国との戦争

d、八幡学区の戦死者調べ（総合）

e、戦争と国民生活（学童疎開と大空襲）

f、軍国の教育

g、沖縄
h、敗戦
③広島の平和学習　一〇時間
a、ヒロシマの歌（国語）
b、原子爆弾被爆の実相（国重さんの話）
c、ボランティアガイドさんとの碑めぐり
d、資料館見学
e、自分たちが計画したフィールドワーク
f、中国新聞社　二井さんの話「フクシマとヒロシマ」
g、事後学習
④フクシマとヒロシマ　一五時間
a、意識調査
b、フクシマとヒロシマ
c、原爆と原発の歴史
d、世界で唯一の被爆国になぜ原発が五四基もあるのか
e、日本のエネルギー事情
f、討論会準備

g、討論会
h、チェルノブイリ
i、今後のためにいろいろ考えること
j、私たちが描く未来社会
k、未来社会を考える―大阪・ドイツ発―
l、グリーン革命―湖の国から―

(iii) 修学旅行「フクシマとヒロシマ」中国新聞社　二井さん講演の感想

広島の地から、あの福島の原発事故はどのようにとらえられているのかを中国新聞社の二井さんに語ってもらいました。中国新聞社で月二回発行される「ひろしま国」という新聞があります。一〇代が記者になって編集し、発行している新聞で、二井さんはその担当者です。初めに挙げた課題の他に、一〇代が考える平和や日常の平和という点から「ひろしま国」の立場で語ってもらいました。その時の子どもの感想を三つの観点で整理してまとめました。

(1) フクシマとヒロシマ

＊フクシマの放射能が広島の原爆の一〇〇倍なんて知らなくて、そんなに強いんだあと思いました。
「ひろしま国」はパソコンで見てみようと思いました。(C)

＊引っ越しした後に学校で「おまえの放射線がうつる」といわれてかわいそうと思いました。（C）

（2）自分たちのとっての平和

＊平和を作るということは、もっと手の届かない規模のものだと思っていたけど、こんなに自分にできることがたくさんあったので、びっくりしました。（拓也）

（3）「ひろしま国」

＊私と同じ一〇代の人が新聞を書く仕事をしていてすごいなあと思った。私も新聞を書くのが好きやけど、こんなにしっかりした新聞を書いてみたいと思った。（C）

＊私は「ひろしま国」が心に残っています。私と同じぐらいの世代の人が、新聞を作成したり、取材したりして「すごいなあ」と思いました。（香）

＊私はヒロシマに来て、いろんな人の話を聞きましたが、同じ年代の人が記者になって実際に新聞を作っているのは驚きました。また、もうすぐ被爆者の方の実際の話が聞けなくなるなんてぇ。（菜奈）

（iv）意識調査

授業を始める前に意識調査を実施しました。「注目の問い　原子力発電を今後どうするか」については、Aの原発を増やすが〇人、Bの今のままが一一人、Cの少しずつ減らしていくが二一人、Dの原発を今すぐゼロにするが〇人でした。Bの理由の主なものは、電力不足になるから、今の生活が便利だから、Cの子たちは代替エネルギーとして水力や太陽光などの自然エネルギーを挙げていました。火力発電を挙げる子もいました。

また「心配なことはどんなこと」という問いには

「この先幸せに暮らせるか」
「フクシマの子どもたちがフクシマ以外でいじめられないか」
「地震や津波に襲われたとき自分は生きていられるか」
「東日本の食べ物への影響」
「もとの生活に戻れるか」
「フクシマの放射能」
「仮設住宅で不安なく暮らせるか」
「被災者の孤独死」
「原発の処理」

などとたくさん挙げられました。学習要求としては、大きくくくると「原発・放射能」八人、「エネルギー問題」三人、「原発に変わるエネルギー」二人、「自分たちにできること」四人、他に「フクシマの様子」「人々の不安をどのようにすればいいのか」などを知りたいという意見が出されました。この意識調査を土台にして、学習を始めることにしました。

(v) フクシマとヒロシマ

フクシマとヒロシマの結びつきや、共通することは何か、から始めました。子どもたちは「何で両方ともカタカナなん?」という素朴な疑問をぶつけてきました。「ヒロシマやナガサキが世界で共通の言葉になっているように、三・一一でフクシマも世界語になったんや」と説明しました。その後、一方は原子力発電所、もう一方は原子爆弾で、共に大きな被害を受けたという意見が出てきました。その中で「放射線と放射能」の意味の違いも確認し合いました。

(vi) 原爆と原発の歴史

次に、「原爆と原発の歴史」の学習をしました。第二次世界大戦中、ドイツのヒットラーが原子爆弾の開発に乗り出したこと。それに危機を感じたアメリカが、ヒットラーより先にと「マンハッタン計画」(4)に乗り出し、開発に成功して、ソ連が攻めてこないうちに戦争を終わらせたくて、日本に完成したばかりの原子爆弾を二発も落としたこと。そして、原子力潜水艦に積まれていた動力炉をそのまま陸へ上げる形で、ソ連より先に日本へ売り込んだこと。原発には弱点が二つあること。一つは「冷やし続けないといけない」こと。もう一つは「死の灰が出る」(5)ということでした。子どもたちは次のような感想を寄せました。

＊ソ連とアメリカが日本を取り合うように原爆を作り出すのがこわいです。（歩）

＊死の灰が出るのはこわいです。一日でヒロシマ型原爆三発分と聞いてびっくりした。（進）

＊死の灰はどこに捨てたのか気になりました。（信次）

＊この勉強でいろいろなことがわかった。原子力発電所の弱点は二つあるのに、原子力発電を続けていいのかなあ。（弘）

＊前までは、ドイツやアメリカは別に日本に害のない国（優しい国）だと思っていましたが、今日の勉強やヒロシマの学習で昔はむちゃくちゃする国だったんだなと思いました。（拓也）

(vii) 世界で唯一の被爆国になぜ原発が五四基もあるのか

「世界で唯一の被爆国になぜ原発が五四基もあるのか」と黒板に書き、子どもたちに質問すると、子どもたちは「電気がたくさん必要だから」とか「二酸化炭素を出さないし便利」と答えました。

そこで、子どもたちに、修学旅行で見学した資料館では、その展示物をすべてどけて「原子力平和利用博覧会」が開かれたことを伝えました。そして、中国新聞の特集「フクシマとヒロシマ」第三部「被爆地の変化」を取り上げました。そこには原爆投下から六年後に出版された被曝体験集『原爆の子』（長田新・編）に「原子力は恐ろしい。悪いことに使えば人間は滅びてしまう。良いことに使えば使うほど人類が幸福になり、平和が訪れるだろう」とあり、ここにもう「原子力の平和利用」という考え方が出てくることを伝えました。さらに新聞は、この作文を書いた人が後悔していることも伝えていました。

＊このタイトルを先生が黒板に書かはったとき、僕も「なぜ？」と改めて思いました。原子力を平和に使える方法は本当にあるのか気になりました。（拓也）

＊『原爆の子』の作文がとても悲しい作文だった。福井県には多くの原発があります。もし何かあったら、私たちは避難しなければなりません。そうなってしまったら、私はどうするのかわからないです。（菜奈）

(viii) 日本のエネルギー事情

次に、日本のエネルギー事情と称して、①火力 ②風力 ③太陽光 ④水力 ⑤地熱 ⑥原子力 ⑦波力などのエネルギーの長所と短所を『わくわく原子力ランド』(6)をもとに原子力以外のエネルギーについても子どもたちと一緒に一覧表にまとめました。そして、子どもたちの知っていることも付け加えました。子どもたちの感想は以下です。

＊今日の勉強で、やっぱり自然の無限にあるエネルギーを使った方がよい。（歩）

＊ウランは有限と聞いてびっくりしました。（信次）

＊これだけエネルギーを増やす方法があるのに、なぜ原発をやめないのかなあ。（瑞樹）
＊いろんな短所を見つけられて良かった。原子力はリサイクルできるとは思っていなかったです。（智）

（ix）討論会

ここまで学習して、最初の「原発はどうしていくべきか」という意識調査の立場に立つことを原則として、討論準備に入りました。自分の意見を決めて、その根拠となる資料を一つだけ調べて、画用紙などにまとめます。一つの資料に絞ったのは、討論をリズム良く展開するためです。子どもたちは自分の意見の根拠となる資料をインターネット、新聞の記事などからみつけ、表やグラフにしていきました。賛成派は資料も少なかったので、文部科学省編の『わくわく原子力ランド』を参考資料として渡しました。

いよいよ一日目の討論に入りました。賛成派から意見を述べました。弘は「日本の電力消費量に占める原子力発電の割合」を示し、原子力発電がなくなったら電気は使えなくなると討論しました。祐介は「夏の節電のCM」を引用して、電力が足りなくなることを言いました。また、浩は昔と今の暮らしの変化を示し、「電気をたくさん消費する社会では原子力発電は必要」と『わくわく原子力ランド』から、説得力のある意見を言い賛成派を勇気づけました。また、反対側の意見に対しても「原発事故で死んだ人はいるのですか」と問い、答えられない反対派は困っていました。そして、事故が起こった時の避難についての議論もありました。しかし、それには賛成派はあまり真剣に答えませんでした。授業後の感想はこのようなものでした。

＊反対側に絶対勝つ。現実を見たのが賛成派。反対派の意見は子どもの意見。(祐介)
＊賛成側は意見がまとまっていた。言いたいことを言えた。これからは納得いくようなことをしたい。(弘)
＊正直、なんかすごい資料つけたし、賛成派を黙らせることなんか簡単かなあと思っていたけど、意外にバシバシ攻めてきてこっちが黙ってしまいました。少し苦しいです。そこで(思ったのは)、僕は資料に全部頼らないで自分の思ったことを言ったらすごい良い意見が出せるということです。(拓也)
＊賛成の意見はしっかり聞いたが力強かった。でも、私は反対の意見を変えず、私の思っていることを伝えたい。「避難すればいいやン」と軽く言ったが、家も何もかも置いていかなければならないのでつらいし、友だちと離ればなれになってしまう。(菜奈)

そして、二日目の討論が始まりました。今回は反対側が攻めました。「ウランは一〇〇年後になくなる」とか「原発立地の問題」「二酸化炭素の排出量」などを論じました。中でも圧巻だったのが、菜奈が政府がついた嘘について取り上げたことです。「五重の壁があって安全だと言っていたのに、壊れて放射能が散らばった」と討論しました。

＊今日、反対の人が意見をたくさん言って、賛成の人たちを納得させられた気がする。(理恵)

＊賛成側のみんなで話し合いをするといろいろ考えさせられました。今度は意見を言えるようにしたいです。（舞）
＊みんなめっちゃ調べていてすごいなあと思った。国が嘘をついていたことにびっくりした。（信次）
＊楽しい。早く討論会の続きがしたい。（岳）
＊いい戦いで良かった。ＭＶＰは拓也。（祐介）

三回目の討論。「ウランはリサイクルできる」という賛成側の意見に対して、反対側は「ウランはリサイクルできない」「リサイクルしようとしていた原子力発電所は止まっている」「まだ成功していない」という反対側の反論。文部科学省の出した『わくわく原子力ランド』の嘘が一つ明るみに出ました。また、香は新聞記事から「三四才以上の人たちの五二・三％の人がもう福島には戻らないと言っていること」を取り上げました。これにも事実の重みがありました。

＊ウランが再利用できるって賛成側の人は言ってたけど、反対の人から「ウランは再利用できない」と聞いてびっくり。本当はどっち？（夏生）
＊自分の出した意見（ウランをリサイクルできる）について、ウランをリサイクルしている原子力発電所が今動いていないと聞いてびっくりしました。（Ｃ）
＊自分が用意した資料を発表しました。緊張して大きな声が出せませんでした。賛成の人たちは頷い

てくれたかなと心配です。今日もいい討論会になりました。（香）

（x）チェルノブイリ

三回にわたる討論会を終え、もう一度、賛成・反対の立場を外して考えてみる機会として、一九八六年に起こった原発事故を取り上げました。『「生きていたい」―チェルノブイリの子どもたちの叫び―』（小学館、一九九八年）[7]を読みながら、事故の概要から死者のこと、子どもたちに現れた甲状腺ガン、甲状腺ガンの手術をすると首に残る「赤いネックレス」について話しました。子どもたちはこんなことが二五年前にあったのかという表情を浮かべながら聞いていました。

子どもたちの感想の中には

「二五年間にもっと他のことを考えていたら、日本も変わっていたのに」（亜美）

「チェルノブイリ事故があったのにどうして日本は原発をやめなかったんだろう」（信次）

など問題の核心を突くものもありました。

＊赤いネックレスが一番印象的です。一生薬を飲んで生きないといけないこと。フクシマの子どもはこんなことになって欲しくないです。（C）

＊手術の後、目が覚めたとき、傷痕が痛いというのは、想像するだけで泣けてきそうです。二五年後にフクシマの子どもたちがガンになったらかわいそうだなあと思いました。（C）

＊フクシマとヒロシマで「生きていたい」を聞いて、チェルノブイリ本当にあったのかと耳をうたがったけど、本当にあったことだった。今、福島第一原発事故も一緒だと聞いて、今すぐにでも原発はなくした方がよい。（岳）

＊甲状腺ガンってこわいんだとわかりました。昔同じことがあったにも関わらず、今もフクシマであるのは何故？　と聞きたいし、原発を作った大人じゃなく子どもが病気にかかるのはおかしいし、幼い子どもたちにあんなに苦しい思いをさせるのは最低だと思った。（理恵）

＊チェルノブイリ事故とフクシマとヒロシマでは数え切れないほどの命が亡くなりました。二五年の間にもっと他のことを考えていたら、日本も変わっていたのに、命を物みたいに思っているのと同じです。まだ、子どもなのに自分の将来のこと考えてすごいと思いました。（亜美）

（xi）今後のためにいろいろ考えること

その後、いろいろな角度から考えるために、『「僕のお父さんは東電の社員です」』[8]という本と「エネルギー消費の格差と不公平」を取り上げました。前者は、毎日小学生新聞の論説に対する小学六年生の反論「僕のお父さんは東電の社員です」をめぐっての小学生から大人までの討論。後者は、工業文明国が世界のエネルギーの六八％を使い、極貧の第三世界の国々は五％しか使っていないというものです。前者については小学二年生も参加する討論のすごさに驚いていました。後者については、エネルギー消費量の不公平さに驚き、この世界の様子はおかしいと考える子どもたちが何人もいました。

＊日本のエネルギー消費量が多すぎるので考えた方がいい。（C）
＊エネルギー消費量にこんな不公平があるとは知らなかった。日本は世界の平均を余裕でこしていてびっくりした。（C）
＊私はグラフを見たとき、日本とバングラディシュを比べてしまった。すごく使っている量が違うんでびっくりした。量を一定にするのは難しいと思った。（理恵）
＊南半球の人はほとんど電気を使っていないのに、北半球の人は大量の電気を使っているという差はなんだろう。（瑞樹）
＊南北問題の柱状グラフを見て、これはおかしいと思いました。理由は一番エネルギーを使っている国と使っていない国々の差がとても大きいです。（拓也）

(xii) 私たちが描く未来社会　学級通信「呼吸」一四九号

ここまでの学習をふまえて、それぞれが描く未来社会像を描いてみました。絵で表す、文で表す、絵と文の両方で表す。子どもたちによって様々な未来社会像が描かれました。その大半は原発ゼロ社会でした。当時の学級通信の見出しには「未来に原子力発電所はいらない」（一四七号）、「技術が発達した未来社会」（一四八号）などがならびました。しかし、「日本は小国だが電気は大量に使う」（一四六号）という現実を見据え、原発に頼らざるを得ないと考える子もいました。学級通信「呼吸」一四九号に掲載した子どもたちの意見は以下の四つでした。

①「子どもをそんな風にしたのは大人」とこんな社会にしておく大人の責任を追及したもの

②「今でも福島でつらい思いをしている」と心配し、自分の心の中での揺れを「私は原発があったからこそ自分が幸せなんだとわかったし、それでも幸せを自分が分かっても意味がなくて、今つらい思いをしている人が幸せだなと思うときがいつか来るように…」と綴ったもの

③「僕の思う未来はみんなが困っている」(進)と「僕は原子力発電所をなくして欲しいけど、未来のみんなはいっぱい電気を使うと思うから…」と悩んでいるもの

④歩と瑞樹の絵。歩は枯れ木を一本描き、そのそばにじょうろを描きました。瑞樹は原発の建て屋が吹っ飛び、鉄骨が出て、汚染水が海に垂れ流されている絵を描き、「海はよごれている」「原発を続けていると思う」と書かれたもの

特に私は④のことが気にかかり、このまま学習を終わるわけにはいかないと思いました。そして、次の学習を用意しました。

(xiii) 未来社会を考える—大阪・ドイツ発—

一つ目に取り上げたのは、「原発投票『五万人署名』大阪必要数越す」という二〇一二年一月九日の

ニュースです。この住民投票の条例案が市議会で可決されれば、大阪市民は原発YESかNOかの意思表示ができると子どもたちに伝えました。もう一つは、「ドイツ再生エネルギー原発抜く」という二〇一一年一二月一九日のニュースです。ドイツの再生エネルギーの発電割合が一六・四％から一九・九％に増加し、原子力発電は二二・四％から一七・七％に減少したというものでした。

＊私はドイツのことを聞いて「すごいなあ」と感じました。日本はどうなるのかなあと思うと、私は今から大阪市で行われる投票がすごく気になります。（香）

＊ドイツにできるなら日本にもできる。（弘・愛）

＊滋賀県も福井県の原発が爆発すれば放射能が来ると聞いた。少なくとも私はなくして欲しい。大阪で「住民投票」があるのはいい動きだと思った。未来のことを考えると日本は地震多発国なので世の中を改善した方がいい。（亜美）

＊希望はある。日本にも原発ゼロ社会の光はある。（瑞樹）

＊「呼吸」一四九号に今の大人への訴えかけるようなことが書いてありましたが、この勉強で大人もその責任を感じているんだなあ。（拓也）

(xiv) グリーン革命―湖の国から―

そして、最後の学習として、滋賀県で行われている取り組みを六つ紹介しました。

この学習は朝日新聞「グリーン革命―湖の国から―」（二〇一二年一月一日〜一月七日付け掲載）をもとに考えました。

①薪ストーブ。間伐材を利用してのバイオマスエネルギーでCO_2を一〇トン減らすのに役立つ
②市民共同発電所。住民が出資して太陽光パネルを設置し、その発電で得たお金を地域通貨で還元する
③小風力発電。秒速二メートルの風でも回る小さな風車。つまり、そよ風発電
④八幡の小舟木エコ村。家庭菜園一〇坪以上、雨水タンクで水をため、水やり。太陽光パネルの設置、小型電気自動車の共同利用などを条件に村を形成
⑤小水力発電。秒速二〇メートルの水の流れで六〇ワットの発電。近所の小川に設置し、天候に左右されないエネルギー
⑥宇宙太陽光発電。一平方メートル一〇〇グラムの鏡の開発。一基一兆円するが、一基で原発一基分の発電ができる

この学習のキーワードは「小さい」ということと「地産地消」だとまとめました。

この六つの例を学習した子どもたちは「滋賀はすごい」「エコな県や」と口々に漏らしました。「こんなに身近なところで」と驚いたという感想や「滋賀は日本に頼らなくてもいい」とエネルギーにおける自立を考えた感想もありました。エコタウンという発想に関心した感想も寄せられました。そして、こ

の新聞記事が想定している二〇三〇年のことを思っている子もいました。

「地球規模で考え、地元で行動する　think globally act locally」、学級通信「呼吸」のサブテーマ通りの結末を迎えました。

「二〇三〇年というと一八年後、あなたたちは働き盛りの三〇歳。先生は七三歳。どんな社会になっているだろう。一月一日の朝日新聞が描くようなエコタウンになっているだろうか。自分の足下から作り出すことです。それは大人の責任でもあり、あなたたちがこれからどんな力を発揮するかということにかかっています。楽しみです」と学習を締めくくりました。

(XV) 学習を終えて

この実践をふり返り私はノートにまとめました。

(1) 第一に挙げることは、討論会の成功だ。とにかく子どもたちが生き生きとリズム良く取り組んだ。日常的に行った新聞の切り抜きは意見の元となる資料を作るのに役立ったし、討論の中で拓也が言うように「資料に全部頼らないで自分の思ったことを言ったらすごい良い意見が出せる」というようなことに気づいたのも素晴らしいことだった。

(2) 自分たちの社会の未来像を描くのに簡単に納得せず、追加の学習までできたのは子どもたちの力だし、その中で地元滋賀のことが考えられたことは良かった。しかし、菜の花プロジェクトなども取り上げるとより良くなった。少々新聞の特集記事に惑わされたところがあった。

（3）原発賛成派に参考にさせた文科省の『わくわく原子力ランド』は、政府の嘘という点ではおもしろい効果があったが、スウェーデンの核廃棄物処理などの資料を用意すると討論はもっと違う方向になったのではないか等、両方向からの資料の検討をする課題があった。
（4）フクシマとチェルノブイリを取り上げたことは人類は歴史に学んでいるのかという課題を検討する材料としては良かった。しかし様々な条件の違う二つのことを比べることで、様々な誤解を生むおそれもあるので、取り上げ方を再考する必要がある。
（5）最後に最も重要な当事者性の問題。原発は常に放射能を浴びている労働者抜きには考えられない。その意識を持つとき、死に至る労働があってなお原発に頼ろうということは簡単に言えるものではない。子どもたちは賛成派の討論として「原発で働く人の仕事がなくなってしまう」と討論した。その時、どんな労働なのかと問い、それを解明する水路を作っておけば討論の質はさらに良くなっていたに違いない。

第4節　教育課程の自主編成

ここまで八幡小学校で展開した総合学習についても述べましたが、他にも「花は咲く」（三年）、「八幡堀」（四年）、「ヴォーリズ[9]」（四年）、「アレルギーは怖くない」（四年）などの実践が生まれました。島小の実践から一貫して言えることは、教育内容の系統性を大切にしながら、目の前にいる子どもたちの実態や地域の特質に合わせてプロデュースしてきたことです。そのことを「教育課程編成の基本」

資料㉛　教育課程編成の基本　2000年3月1日

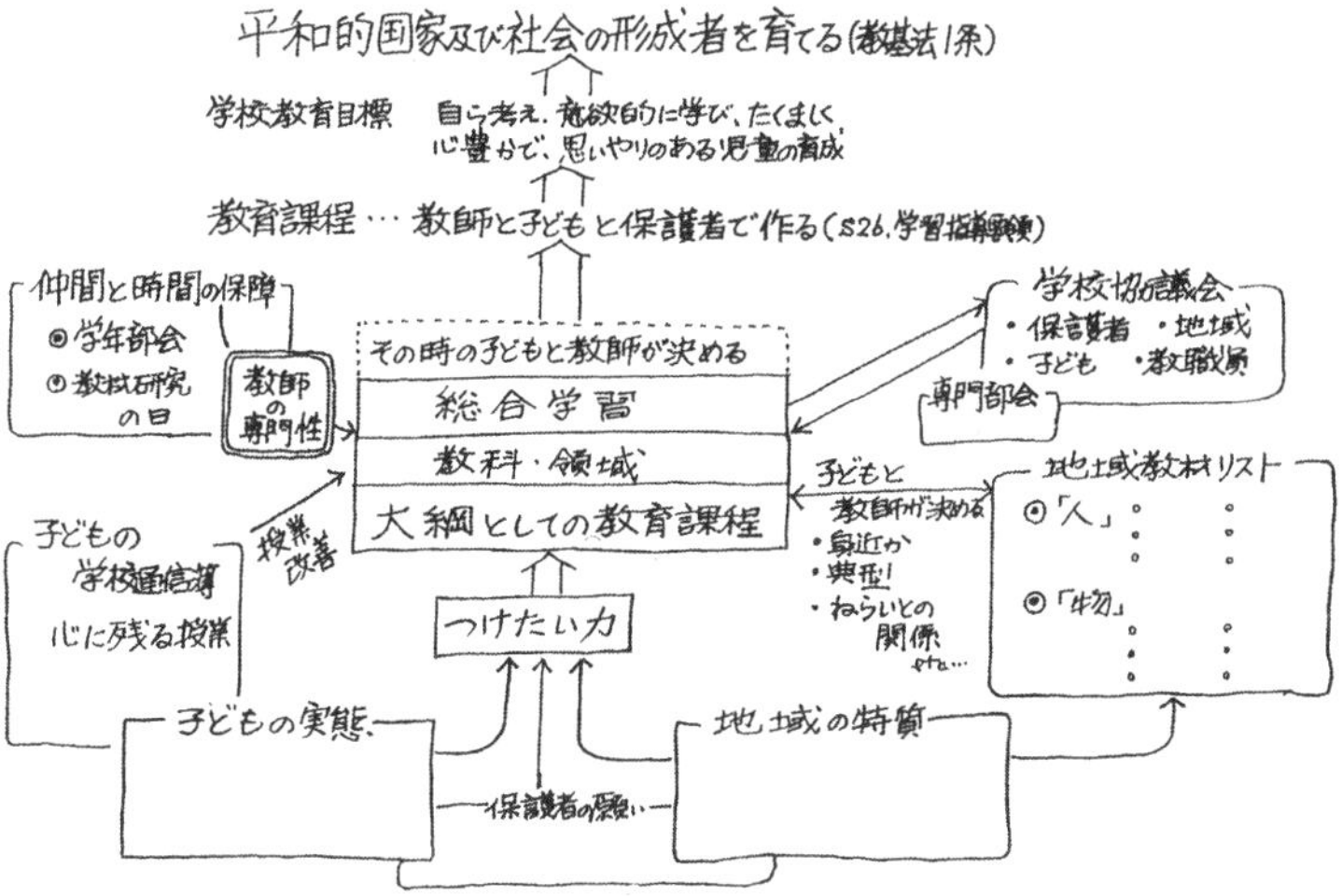

（資料㉛参照）はよく表しています。この図には、次のような解説文をつけました。

①子どもたちの実態をていねいに分析の上、子どもの学校通信簿によって授業に対する子どもたちの真の要求を積極的に教育課程に反映させるようにした。

②教育活動に関するアンケートを実施して、保護者の島小学校の教育活動に関する意見を集約し、保護者の思いを教育課程に反映させるようにした。

③教材研究を教職員の共同で実施する中で、積極的に地域の特質をつかみ、教育課程に反映させるようにした。

④教材研究を通して作られた地域教材リストは学校の内部資料とし、講師としてどなたを招くか、どの事物・資料を使うか、その時その

時の子どもと教師が決める。

⑤学校協議会を開催し、そこでの論議を教育課程に反映させるようにした。

⑥①～⑤のように教育課程を編成することによって「各学校において（中略）教育活動を展開する」（新指導要領）、「教育課程を教師・子ども・保護者でつくる」（S二六年学習指導要領(10)）を実現する。

⑦このような創造的な教育課程を作っていくとき、教師の専門性が重要で、その専門性は相談したり話し合ったりできる仲間の存在と教材研究する時間の保障があってこそだと確認した。

このように、学習指導要領を尊重しつつ、各学校ごとに自前の教育課程をもつということは、教師の力量を高め、実践の豊かさを作ります。一九四五年に結成された全日本教員組合(11)は、行動綱領に「学園自治の確立」「学校委員会の設置」などを掲げ、「日本教育新聞」第一号で、子どもたちや父母の学校参加の必要性を説きました。学校は国家による上からの教育機関であるから、「人民の自主的な下からの働きかけ」がなかったら、戦前のような官僚的で画一的な教育になってしまうと言っています。このことは学習内容を含めた教育課程の問題として今日、おおいに議論されるべき問題です。日本の教師一人ひとりが自前の教育課程を作る力量を身につけることができれば、それがやがて国の方針となって還流し、確実に日本の教育を豊かなものに変えることになるのです。

注

(1) 山崎古都子「家事科における住環境教育」『地域に根ざした学校づくりの源流―滋賀県島小学校の郷土教育―』文理閣、二〇〇七年、一三九頁。

(2) 山崎古都子「子どもから見た郷土教育における労作体験学習」『地域に根ざした学校づくりの源流―滋賀県島小学校の郷土教育―』文理閣、二〇〇七年、一七〇・一七一頁。

(3) 木島温夫「農業科における栽培技術と島村経済更生計画」『地域に根ざした学校づくりの源流―滋賀県島小学校の郷土教育―』文理閣、二〇〇七年、一〇一頁。

(4) 一九三九年米大統領ルーズベルトはウラン鉱入手の提案を聞いた。一九四〇年にはドイツもベルリンの研究所で原爆の研究を始めた。ここに原子爆弾の開発の先陣争いが開始された。米英では、一九四二年マンハッタン計画、つまり原子爆弾製造計画がスタートした。三年後一九四五年七月一六日原子爆弾第一号が完成し爆発実験に成功した。（家永三郎編『日本の歴史七　十五年戦争』ほるぷ出版、一九七七年、一九四―一九五頁）

(5) ウランの燃焼に従って生ずる灰（燃焼性生成物）のことで、猛毒性の放射性物質である。死の灰の放射性エネルギーは熱エネルギーに変わる。従って原子炉の運転停止後も炉心の冷却をしないと空だき事故になる。百万キロワット級の炉心には毎日広島級の原発三発分、一年間で一〇〇〇発分の死の灰がたまる。（高木仁三郎『巨大事故の時代』弘文堂、一九八九年、八二―八三頁）

(6) 『わくわく原子力ランド』文部科学省・経済産業省資源エネルギー庁が二〇一〇年二月に発行した小学生のためのエネルギー副読本。

(7) チェルノブイリ子ども基金編『「生きていたい」―チェルノブイリの子どもたちの叫び』小学館、一九九八年。チェルノブイリ原発事故で被害にあった七五人の子どもたちが絵と詩で綴った怒りと悲しみの作品集。

(8) 森達也著、毎日小学生新聞編『「僕のお父さんは東電社員です」』現代書館、二〇一一年。毎日小学生新聞に掲載された時事コラムに小学生が「突然ですが、僕のお父さんは東電社員です…」と意見をよせた。そのことをめぐっての意見交流。

(9) ウィリアム・メレル・ヴォーリズ。一八八〇年アメリカ合衆国生まれ。日本で数多くの西洋建築を手がけた建築家、社会事業家、信徒伝道者。ヴォーリズ合名会社（のちの近江兄弟社）の創設者の一人としてメンソレータムを普及させた。

(10) 教育課程編成の原則が戦前のように国家でなく、児童の側から編成することが明示された。教科課程は、それぞれの学校で、その地域の社会生活に即して教育の目標を吟味し、その地域の児童青年の生活を考えて定めるべきものであると強調した。（水原克敏他著『学習指導要領は国民形成の設計書』東北大学出版会、二〇一六年、一〇〇―一〇一頁）

(11) 全日本教員組合（略称全教）、一九四五年一二月一日結成。戦後初の全国的な教員組合。教員の生活権、労働権の確立、教育の民主化などを要求し、政党支持の自由などの方針のもとに、教育労働運動における全国単一組合をめざして結成された。機関紙は「日本教育新聞」。（『社会・労働運動大年表』第一巻、労働旬報社、一九八六年、一〇・一六頁）

私の総合学習の歴史

能登川東小時代

一九八四年　六年　江戸時代の農民のくらし（慶安の触れ書きの教材化）
一九八七年　六年　理科・特別活動「六の二水族館」

武佐小時代

一九九一年　六年　社会「武佐にも戦争があった」
一九九五年　全校　特別活動「子どもが参加する卒業式の取り組み」
一九九六年　全校　特別活動「プログラムの空白を埋めるのは君たちだ」
　　　　　　　　　―運動会のオープン種目の取り組み―
　　　　　四―六年　特別活動「クラブ活動は自分たちの手で」
一九九七年　全校　特別活動「自分たちの遊具を作ろう」三者協議会の取り組み

島小時代

二〇〇〇年　四年　理科・総合「菜の花畑から見えてくる世界」

五年　家庭・総合「地域の生活の知恵を学ぼう」
（よもぎもちづくり）（地域の味噌づくり）（大根の漬物づくり）
六年　理科・総合「足もとから考える環境学習」

二〇〇一年　五年　理科・総合「てこの働き」
六年　理科・総合「人と環境」

二〇〇二年　五年　社会・総合「長命寺の漁業」

二〇〇三年　三年　理科・総合「太陽の不思議」
三年　社会・総合「長命寺の漁業」
四年　理科・総合「空気の不思議」
六年　理科・総合「はじめっから子どもが作るビオトープ」（人と環境）

二〇〇四年　六年　理科・総合学習「人と環境」
六年　特別活動・総合「子どもが主体的に取り組む卒業式をめざして」
（立命館大学混声合唱団メディックスとの交流）

二〇〇五年　六年　理科・総合「人と環境」
三年―六年　道徳・総合「先輩からの贈り物―子どもの権利条約をくらしに生かそう」
全校　特別活動・総合「島小子ども祭りの実践」

二〇〇六年　六年　総合学習「風景」

社会・総合「本当の国際交流はどのようにして生まれるか」
（インドネシア中部地震をきっかけにして）
理科・家庭・総合「地域に根ざした環境学習をめざして」（人と環境）
（漁業者・葦業者・農業者・自治会から、身近な森の行方）
道徳・総合「子どもが主体となる権利教育」
（島小子どもの権利憲章の日常化の取り組み）

二〇〇七年　五年　理科・社会・総合「稲・米ＷＯＲＬＤ」
理科・社会・総合「種・命のバトンタッチ」
理科・総合「よし（葦）を核にした環境学習」

二〇〇八年　六年　家庭・総合「粉」
理科・総合「子どもと自然」
社会・総合「地域に根ざした歴史学習の展開」
全校　道徳・総合「平和な島小の宝物―島小子どもの権利憲章―」

二〇〇九年　三年　理科・総合「電気で明かりをつけよう」
社会・総合「地域学習を豊かに展開する」
（地図学習から地域の歴史まで）

八幡小時代

二〇一一年　六年　社会・総合「フクシマとヒロシマ」
二〇一四年　四年　総合学習「アレルギーは怖くない」
　　　　　　　　　総合学習「ウォーリズ」
　　　　　　　　　社会・総合「八幡堀」
　　　　　　　　　音楽・総合「花は咲く」
二〇一五年　三年　音楽・社会・総合「ふるさと」

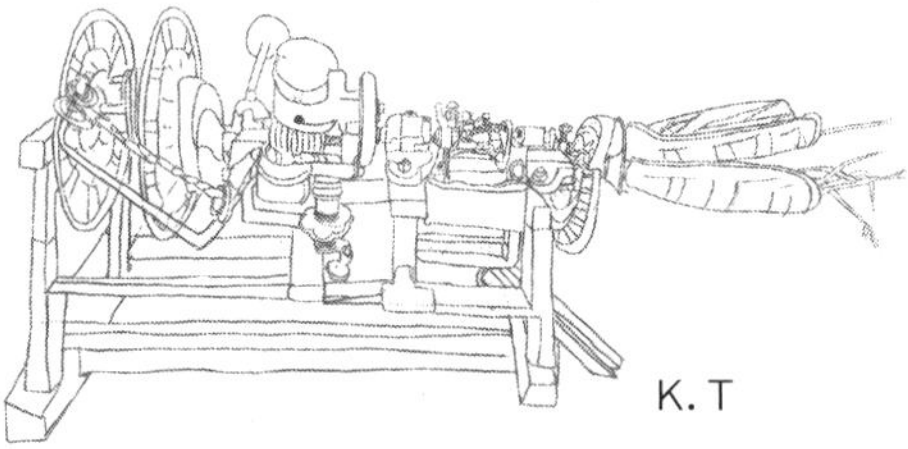

縄ない機（「総合学習　稲・米World」より）

解説　「子どもたちを信じて頼り、任せて見守る」ことの教育実践論
――植田一夫実践を読みひらく――

福田　敦志

はじめに

子どもを誰一人として排除することなく、一人ひとりの子どもの育ちを支え、自立を励まそうとする教師たちが、子どもたちから贈られた自身への「最高の褒め言葉」のひとつとして異口同音に語る表現がある。すなわち、「先生たちは、わたしたちにいろいろなことを教えてくれて、任せてくれて、見守ってくれた」という表現である。この表現は、「子どもを信頼する」という行為――「子どもから信頼される」ではないことに注意していただきたい――を想起させるが、「子どもを信頼する」とは言うに易く行うに難いことであることは衆目の一致するところであろう。だからこそ、子どもたちのこの表現は「最高の褒め言葉」として教師に受けとめられ、教師であることの喜びを掻き立てる。本書で描かれた、植田一夫と共に在った子どもたちからもまた、同様の言葉が植田や同僚の教師たちに届けられていたのではなかったかと思わずにはいられない。

そもそも、「子どもを信頼する」とは如何なることであるか。『新潮日本語漢字辞典』によれば、「信

頼」とは「信じて頼る」ことであり、「信じる」とは「その人の言動を疑わないで、頼りにする」こと、「頼る」とは「自分や他の人の力をあてにする」ことだという。この指摘に学び、「子どもたちの言動を疑うことなく、子どもたちの力をあてにする」ことを「子どもを信頼する」ことだと理解するならば、「子どもを信頼する」という行為は、その行為者たる教師の思想や生き方を表すものとなる。なぜならこの行為には、対等平等な存在として子どもたちと向かい合いうるか否かという子ども観が反映しているからである。

教育実践において子どもたちの言動の意味を考えながらも、その言動を丸ごと受けとめ、かつその子どもたちの力をあてにするという行為は、「心がけ」の問題ではなく、技術の問題として浮上する。いつ、誰に、何を、どのように働きかけるかという具体的な行為にこそ、教師の思想や生き方が反映されるからである。そうであるならば、具体的に何を、どうすれば「子どもを信頼する」行為として子どもたちに受けとめられるのか、「子どもを信頼する」教師で在り続けるために大切なことは何であるかこそが、問われなければならない。

本書で描かれた、植田一夫の三十有余年に渡る実践は、「子どもたちを信じて頼り、任せて見守る」ことへの飽くなき挑戦であったと考えられる。植田とて、子どもたちに対する不信に囚われ、子どもたちを支配したくなった瞬間は幾度もあったであろう。だが、その度ごとに植田は、「子どもを信頼する」教師の方へと舵を切り続けたことを、本書に描かれた子どもたちが証明してもいよう。したがって、本稿では、植田の実践を批判的に検討しながら、「子どもたちを信じて頼り、任せて見守る」教育実践の構造とそこで展開される教育の技術を浮かび上がらせることに挑戦してみたい。

一 「子どもが子どもとして生きることのできる場」を共同して創造する

（１）学校の福祉機能の発揮

「子どもたちを信じて頼り、任せて見守る」場としての学校は、学校の福祉機能の観点から考えられてきた系譜がある。阪神淡路大震災や東日本大震災の折に、子どもたちがここに在ることを寿《ことほ》ぎ、ここにいないことを悼む場として学校が果たした役割にそのひとつの系譜を見ることができよう。

他方で、かつて校内暴力が激化し、荒れる子どもたちへの暴力的な「鎮圧」と管理主義的な支配が横行する情勢のなかで、「温室」という印象的な比喩を用いながら、学校の福祉機能について城丸章夫は問題提起していた。城丸によれば、子どもにとってのよい環境とは「動かすことのできるもの」「変更してみてもよいもの」であり、その行為を通して「手痛い失敗をしたり、成功をよろこんだりする」ことができる環境であり、このような「自由を社会的に保障するところとして、学校は一種の温室でなければならない」と主張していた。さらに「温室」としてのよさを学校が十二分に発揮するために、「人的・物的環境に子どもが働きかけることを保障し、指導」することが不可欠であることを城丸は主張した。その際、子どもが人的・物的環境に働きかけるという行為には、「おとなの夢に過ぎないもの」、すなわち「民主主義的な人間関係をつくりあげ、民主主義的な集団を体験し、民主主義的な制度を運用してみる」ことが肝要であることを城丸は強調していた。このような含意をもつ人的・物的環境への働きかけのなかで、「現在のおとなを乗りこえていく道」を子どもたちが展望できるようになることが期待されていたのである[1]。

城丸が夢見た「温室」としての学校は、植田の実践の至るところで具現化していたと考えずにはいられない。植田は子どもたちとともに教室を水族館に変え、校庭に遊具を増やし、運動会に子どもが考えた種目を取り入れ、あまつさえ学校の日課表まで変えていく。「温室」としての学校のこうした具体的な在り様は、植田が粉骨砕身して一人で創りだしたものではないことは明らかである。植田は子どもたちと共同し、教師集団と共同し、さらには保護者や地域住民とも共同しながら、「温室」としての学校を創りだしていった。しかもその「温室」を創りだす過程のなかで、おとなたちもまた人的・物的環境に働きかけることを通して、民主主義が生きる世界への展望を切り拓きさえしたことは特筆に値する。このことは、日課表の修正を提起した校長に対し、植田以外の教師の一人が子どもとの再合意の必要性を訴える姿に典型的であろう。

福祉機能を発揮する「温室」としての学校は、子どもたちのために準備されるものでもなければ、サービスの一環として提供されるものでもない。植田実践が明らかにしているように「温室」としての学校をおとなたちと子どもたちが共同して創造していく過程のなかでこそ、学校の福祉機能は十全に発揮されるのである。コロナ禍において「新しい生活様式」が「上」から与えられてくることに何の疑問も抱かなかったり、種々の抑圧や不自由を感じている子どもたちのために「何とかしてあげたい」と教師だけが苦悶したりする状況があるなかで、植田の学校づくりの実践は大きな示唆を与えていよう。

(2) 学校づくりの共同をひらく複数の「扉」

程度の差こそあれ植田が勤務した複数の学校のいずれにおいても「温室」としての学校が生み出されていたことに鑑みるならば、学校をおとなたちと子どもたちが共同して創造していく過程は偶然の産物であるとは言い難い。もちろん、阪神淡路大震災の経験から学び、導き出された、「子どもが『自分は学校にとって必要な存在だ』と実感できる学校」を創りだすという植田の強い願いがその過程の背後にあることは間違いないであろう。だが、一個人の強い願いだけでは、学校づくりをめぐる子どもたちやおとなたちとの共同が生み出され得ないことは、周知のことである。ではなぜ、植田の実践にあってはそうした共同が生み出されたのであろうか。

このことに関わって、植田の実践には特筆すべき特徴がある。すなわち、植田実践にあっては、おとなたちと子どもたちが共同して学校を創造していく過程へと至る「扉」が複数あるという特徴である。この「扉」の一つは、「子どもたちの荒れ」である。この「扉」は、荒れの責任を担任教師や家庭、さらには荒れる子ども自身に押しつけることを是とする考え方ややり方では決して開くことはない。そうではなくて、子どもたちの荒れの事実を共有しつつ、その荒れが何に由来するのか、なぜ子どもたちは荒れずにはいられないのかを分析し、この分析に基づいた実践方針や指導方針、活動方針を共有し、具体的に行動していくことを呼びかけ続けることではじめて開く「扉」である。この呼びかけは、保護者参観の機会や学校評議会の場はもちろん、学級通信等の媒体を用いながら——植田の場合、学級通信は毎年二〇〇号を大きく超えて発行されている——行われ続けることになるが、この積み重ねのなかで子どもたちはもちろんおとなたちもまた、いま何にこそ取り組む必要があるのかについて理由とともに共有しながら、学校づくりをめぐる共同を生み出していっているのである。

この「扉」は他にも、後述のような種々のものが用意されている。植田はこうした「扉」の先にあるそれぞれの世界を接続し、重ね合わせながら、共同の営みを特定の主題に閉じ込めることなく、さらに豊かに広げていくことに挑戦してきたのである。

(3) 公共空間としての学校の創造とケアの倫理

学校づくりへの多様な人びとの参加を呼びかけ、共同する営みを維持し、発展させていくためには、そのなかで必然的に生じる困難をも予想し、考慮に入れながら実践を展開していく必要がある。齋藤純一は公共空間について、「自らのものではないもの」との交渉を可能にする空間であり、それは「自らを他に対して曝していく行為、自らの安全装置を部分的に解除する行為によって形成され、維持される」空間であることを指摘している[2]。すなわち、公共空間に入ることは、自らが傷つけられる可能性を受け入れた状態にあることをも意味するのである。このことは、「自分さえよければそれでいい」「努力しないでいるにもかかわらず、他人に迷惑をかける輩は排除されて当然である」という、自己責任の論理に由来する思想が広く、深く浸透している今日の情勢にあっては、実感をもって受け入れられる指摘ではなかろうか。実際、植田実践においても、厳しい批判にあって深く苦悩したであろうことが推察される場面はいくつも指摘することが可能であろう。にもかかわらず、おとなたちだけではなく子どもたちもまた、共同する営みから撤退しなかったのはなぜなのか。

この問いに対する答えの一つは、子どもたちが既に原案を提出できるようになっている状態にあることから導き出される。本書においては、子どもたちが原案を提出できるようになっていく過程が丁寧に描かれているわけではないため推測の域を出ないが、植田の目の前にいた子どもたちは、「自分たちの願いは叶う（ことがある）」ということを知っていた。その願いの実現はおとなたちの施しによってなされるのではなく、知恵をしぼり、試行錯誤することすら楽しむ自分たちの集団のちからによって成し遂げられることも知っていた。すなわち、子どもたちにとって公共空間に入ることは願いの実現過程に参加することに他ならない。しかもここで提出される原案は、夢や願いを共有する仲間との共同提案という形で提出されるものである。こうした集団にあっては、自らが傷つけられることを怖れる必要はないことを、子どもたちが証明している。

加えて、水族館実践と同じ学級の子どもたちによって設立された「みみこ新聞社」による「大きな夢新聞」第一号に掲載された新聞の名前の由来にも、先の問いに対する答えを読み取ることができよう。すなわち「大きな夢新聞」は、学級の仲間たちの水族館という小さな夢が実現した事実に出会い、「もっと大きな夢」を実現させるべく発行されるというのである。子どもたちは、小さな夢が実現していく過程に参加する喜びをともに味わったり、その実現過程のなかで今まで気づくことのなかった仲間の異なる一面に気づいて心を動かされたりするなかで、自分たちにも学校にもたくさんの可能性があることに気づいたのではなかったか。また、この実現過程のなかでなされる批判は、人格を全否定するような攻撃ではなく、夢を共有し、その実現に向けて知恵を絞り、ともに汗をかこうとするからこそ投げかけられる呼びかけとして受けとめ得ることに気づいたのではなかったか。

意見や考えのぶっつけ合いの過程に安心して参加することができるように誘われるなかで子どもたち

は大きく育っていくことを、植田実践は明確に示している。ここで示されている公共空間に備わる陶冶と訓育の作用は、子どもたちだけではなくおとなたちをも育てていく。ここには学校づくりと地域づくりを接続していく重要な鍵が示されてもいよう。

二「教育課程の自主編成」を通して学校づくりの共同をひらく

（1）生活者の暮らしへのまなざし

植田実践の舞台であるそれぞれの地域はいずれも、「日本の田園風景」という言葉から多くの人が連想するであろうような地域である。自然は豊かにあり、子どもたちの遊び場には事欠かないようにも見える。だが、現実には、そうした地域であればあるほど、「都会」の子ども以上に「学力」をつけることに躍起となるなど、「豊かな自然のもとでのびのびと育つ子ども」は多くの場合、幻想である。また、植田が「定点観測」をしていた三叉路から見える風景は「山」「空」「水田」「畑」「道路」であり、ある意味で「おなじみの風景」であってほとんどの者がその場の重要性に気づくこともないであろう。自然が豊かであるから子どもたちの生活に根ざした学びが生まれてくるというわけではないのである。

では、なぜ植田実践においては、それぞれの学校に根ざした教育課程が立ち上がってくるのであろうか。植田はどこに、どのような「扉」を見いだし、その向こう側に広がる世界に足を踏み入れていたのであろうか。

地域に根ざし、子どもたちの生活に根ざした教育課程を立ち上げていく植田のまなざしは、その地域で生きる人びとの暮らしの在り様に注がれている。ここでいう暮らしの在り様とは、経済的な事情のみをさすものではない。それだけではなく、例えば、なぜこの地域では昔から葦の生産と加工が選ばれてきたのかという、地理的な視点から暮らしが見つめられる。また、菜種油を商品として生産するわけではないのに毎年菜の花を栽培しているという、一見無駄に見えるような営みのなかに暮らしに関わる矛盾や葛藤を発見し、その視点から暮らしの在り様を捉え直そうとしている。さらには、その地域の史料に依拠して作成された、自分たちが暮らす地域にかつて出された「おらが村の『慶安の御触書』」とも言うべき教材を用いた実践(3)などは、植田の暮らしへのまなざしが歴史的な視点をも併せもっていることをも示していよう。

こうした観点からの暮らしへの着目は、同様のことのくり返しであるはずの「日常」のなかに変化を浮かび上がらせる。この変化への鋭い認識と感性を磨いてきたからこそ、何の変哲もないような三叉路から見える風景のなかに、子どもたちを学びへと誘う「扉」を発見することができたのである。

(2) 暮らしのなかの変化と矛盾、葛藤を鍵とする「教育課程の自主編成」

「日常」のなかに変化を見いだす植田のまなざしは、例えば理科の学習と学校生活との接点において顕著に発揮される。日時計やペットボトルの水の温度をめぐる子どもたちの挑戦(4)は、その典型であろう。子どもたちは植田の指導に導かれながら暮らしのなかの変化を見つめ、その変化の不思議議や矛盾を発見して、更なる探求に乗り出していくのである。

暮らしのなかの変化を見つめ、矛盾を見いだす植田のまなざしはさらに、「六年間かけて子どもを育てる教育課程」を編成する際に遺憾なく発揮されることとなる。変化も矛盾もいずれも、関係の認識を深める概念であるがゆえに、教科横断的なカリキュラム構想はもちろんのこと、学年階梯ごとのカリキュラム間の連動もまた説得的に提起されていくこととなる。このことは、「子ども祭りを核とした生活・総合学習の実践構想」や「地域から世界の見える総合学習」の全体計画のなかに典型的に示されているであろう。しかも変化や矛盾の認識は、その地域で生活する人びとの暮らしに結びついているがゆえに、植田が提起する教育課程は地域の生活に根ざしたものとなっていくのである。

地域で生活する人びとの暮らしが変化や矛盾の認識を通して具体的な教育課程へと編成されていくということは、子どもたちの学びの側面からも学校づくりへの共同に参加する「扉」が保護者や地域の人びとに開かれていることをも意味する。事実、植田の実践には農業や漁業を営む人びとだけではなく、商店街で仕事をしておられるような人びともまた、固有名詞を備えた存在としてしばしば「扉」を開けて子どもたちの学習に参加してくるのである(5)。このような固有名詞を備えた生活者との学習のなかで、変化や矛盾の認識は時間軸だけではなく、空間軸においても追求されるべきことが浮かび上がってくる。「ふるさと」や「フクシマとヒロシマ」を主題とした学習はその典型であろう。学校づくりへの共同に開かれた扉は同時に、子どもたちが現代社会における種々の矛盾や葛藤をめぐる行動との連帯に開かれた扉でもあるのである。

(3) 学べば学ぶほど、仲間がふえる

「太陽」や「空気」の学習から始まる一連の挑戦はもちろん、運動会のオープン種目の企画と実行、

さらには子ども祭り等の企画と運営に見られるように、本書に登場してくる子どもたちはいずれも、用意された学習内容を受け取り、推奨されている学習方法に則って粛々と学習していくような、いわばサービスの消費者としての学習を進めていく者とは一線を画している。「おもしろい、おもしろい」を満面の笑顔とともに連呼する植田の励ましに包まれながら、「いま在るものとは異なるもうひとつ別の可能性」の実現に向けて子どもたちは誘われる。こうした植田の呼びかけに導かれながら、子どもたちは仲間とともに具体的な事物や固有名詞を備えた他者に働きかけ、その働きかけに対する事物や他者からの応答を受けとめながらさらに働きかけていく。

こうした学びを積み重ねるなかで、子どもたちは願いを共有することのできる仲間と出会い、願いの実現に向けた挑戦過程それ自体を楽しむことができるようになっていった。この過程のなかで子どもたちは仲間の新たな一面を発見し、その一面に気づくことができるようになった自分の成長にも手応えを感じることができるようになっていった。さらには、さまざまな出来事のなかで傷ついたり苦しんだりしていることに互いに気づいたり気づいてもらったりしながら、互いの必要と要求に気づき合い、それらにいかに応答していけばよいのかを考え合うようになっていった。インクルーシブという言葉は使われていないものの、子どもたちは仲間たちや植田をはじめとしたおとなたちと共同するなかで、「共に生きる」とは如何なることであるのかの一つの典型を生み出したと言い得るかもしれない。この過程は、植田にとって、「子どもたちを信じて頼り、任せて見守る」ことの正しさをくり返し確かめていく過程でもあったであろう。

とはいえ、その過程は決して子どもたちから徐々に手を引いていく過程と同義ではない。子どもたちが信頼に値する存在へと成長すればするほど、植田はむしろより質の高い要求を突きつけるようにさえなっていったはずである。次節では、この点についてさらに考察を加えてみよう。

三　権利行使主体として育てる

（1）夢を追うことの条件

本書においては、夢という言葉が幾度も登場する。子どもたちはもちろんおとなたちもまた、何の衒《てら》いもなく夢という言葉を口にすることができるための条件は何であろうか。

虐待等の日常的な暴力に曝されていたり、心的外傷と呼ばれるほどの傷を刻みつけられたりしてきた者は、「どうせわたしなんて……」と自己を激しく卑下し、夢をもつどころか刹那的な快楽に身を委ね、さらに自分を傷つけていく状況に陥っていく。そうした子どもたちを為すすべもなく見守るだけであったという痛恨の経験をした教師たちもまた、教師として生きることの自信を失い、苦悩しているであろうことも想像に難くない。

こうしたことを踏まえるならば、子どもたちが夢を語ることができるようになるためには、それぞれの子どもたちが基本的信頼感を回復し、かつその基本的信頼感を豊潤化していく営みをくり返し続けていくことが肝要となろう。その際、植田実践が幾度も示しているように、些細なことであったとしても「夢は実現する」という事実を子どもたちとともに創りだしていくことが重要となる。多少の妥協はあったとしても「夢が実現した」という事実に、子どもたちはもちろん、おとなたちの基本的信頼感をも回復させていくちからがあることを植田実践はわたしたちに告げていよう。そうであるからこそ、夢が実現していく過程の見通しを子どもたちが実感とともに見いだしていくことも重要となろう。植田が原案づくりを指導する際に強調しているのは、現状分析と実現の見通しである。的確な現状分析に基づくからこそ、「夢が実現する」、すなわち「今とは異なる新しい現状が生み出される」状態に向かう見通しに手応えをもち、現状変革への挑戦に身を乗り出していくことができるのである。

現状変革への挑戦は、孤独な闘いではない。むしろ、挑戦し続けることで、闘い続けることで仲間が増えていきさえすることもまた、植田実践が明らかにしていることであろう。

だが、多くの者が陰に陽に傷つけられ続けている今日の情勢下にあって、現状変革への挑戦を継続していくことは容易ではない。では、現状変革への飽くなき挑戦はいかにして可能となるであろうか。

(2) 意見表明権の捉え直しと結社の自由

現状変革のための最も基本的な要件は、「今の状況は嫌だ」という、精神的ないし身体的な痛みを伴う感情である。だが、こうした感情は場の空気を乱したり、場合によっては激しい攻撃を引き出したりするがゆえに、誰にも気づかれないように慎重に閉じ込めておくべき感情として扱われることがほとんどであろう。他方で、こうした感情に引きずられて何かしらの行動をとる子どもは、多くの場合、異議申し立てとしても怒りの表現としても受け取られることなく、「キレる」子どもとして排除されていく。一方では感情を押し殺し、他方では感情に引きづられて暴れる。表面的には真逆の振る舞いをしているこうした子どもたちのあいだには、共通する点がある。すなわち、いずれの子どもの声も他者に届いていないという点である。

こうした状況に関わって、子どもの権利条約第十二条に描かれた意見表明権を「意見を聴かれる権利」としてとらえ直す動きが始まっている。そこでは、「意見を聴かれる権利」として子どもの意見表明権を子ども個人の権利だけではなく、子ども集団の権利にも拡張することが呼びかけられ、かつ参加権とも関係づけられていくべきことが提起されている。こうした動きが意味するものは、竹内常一の指摘に学ぶならば、現状の変革を願う子どもたちの声に耳を澄ませ、その子どもたちと共に現状変革の実践を立ち上げていくことを子どもの権利として把握するとともに、この権利を行使するための適切で的確な指導を構想し、展開していく責任がわたしたちに求められるようになってきているということである(6)。植田は子どもの権利条約の採択当初からこの条約の実践的な具体化に取り組んできたが、無自覚ではあったかもしれないが、子どもたちの意見表明権を実質的なものにするためにも、「意見を聴かれる権利」としての内実を追求していったであろうことは、本書の種々の場面から読みとることができよう。さらに植田は、この権利の実質化を図るために、子どもの権利条約第十五条に規定された「結社の自由」を子どもたちに保障していくことにも意識的に努めながら、班活動はもちろん、学級内クラブの取り組みや委員会活動、さらには子ども祭り等への参加の在り方を子どもたちと共に模索してきたのである。必要に応じて種々の組織を立ち上げ、その組織に参加していくことは子どもたちの権利である。「結社の自由」を権利として把握するからこそ、「夢を実現する」ことは絵空事や世迷言ではなく、権利行使の一つの在り様として植田は理解していたのであり、だからこそ自らの指導責任を果たすべく奮闘してきたのである。

（3）権利行使主体として育ち合う方へ

このように見てくるならば、子どもたちがつくる種々の組織はもちろん、いま在るものとは異なるもう一つ別の学校を創りだすことへ挑戦しようとする学校評議会のような組織もまた、現状変革への願いに支えられた権利行使のための機関として理解することが可能となろう。ここで重要となるのは、またしても変化であり、矛盾であり、葛藤である。変化を厭う勢力はある。変化は必要ではあるが、ある方向への変化は子どもたちを傷つけるがゆえに、そちらに向かってはならないという矛盾が生じることもあろう。あるいは、「どうせ変わらない」という諦念に囚われて、集団の内部で葛藤が生じることもあろう。植田実践が示してきたのは、こうした変化や矛盾、葛藤への挑戦そのものに子どもたちはもちろん、おとなたちをも育てるちからがあるということである。そうしたちからが集約される場として、学校があるのだということである。

「子どもたちを信じて頼り、任せて見守る」教育実践とは、したがって、わたしたち自身の可能性を信じることに他ならない。もちろん、ここでの信頼は闇雲で投げやりな信頼ではない。そうではなくて、現実に蔓延る矛盾や葛藤を見いだし、それを乗り越えるための手立てを見通すことのできる知性とちからを備えた自分自身とわたしたちの仲間への信頼である。

植田実践は、わたしたちには希望があることを告げている。その声に励まされて、希望へ向かう一歩を共に踏み出していこう。わたしたちの一歩は、まだ見ぬ仲間への呼びかけとなるのだから。

注

(1) 城丸章夫「子どもの発達と現代の学校」『城丸章夫著作集 第二巻 民主主義と教育』青木書店、一九九二年、一六六―一七八頁所収(初出は、全生研編『生活指導』第一九〇号、明治図書、一九七四年二月)。

(2) 齋藤純一『政治と複数性―民主的な公共性にむけて』岩波現代文庫、二〇二〇年、一七〇頁。

(3) 植田一夫「江戸時代の武佐の人々のくらし―武佐版慶安のお触書の教材化に取り組んで―」(一九九一年度第二四回近江八幡市同和教育研究大会報告資料)参照。

(4) 植田一夫「生き生きした学びが生まれる教室づくり」子安潤他編著『シリーズ教師のしごと 第四巻 学びに取り組む教師』高文研、二〇一六年、一五二―一五三頁参照。

(5) 植田一夫「武佐のくらしと商店街」(一九九三年度教育研究全国集会社会科教育分科会報告資料)参照。

(6) 竹内常一「『子どもの権利条約』と日本の『現在』」『季刊 人間と教育』第一〇三号、旬報社、二〇一九年九月、二〇―二七頁所収。

おわりに

先日、久しぶりに教職員の前で話す機会がありました。冒頭に参加者の自己紹介があり、これから始まる私の講座への要望が語られました。その中で何人もが、「子どもたちの自己肯定感が低い」、「自信がない子が多い」と話しました。

二〇二〇年八月一八日に発表された、国立成育医療研究センターが実施した「コロナ×こどもアンケート」第二回調査報告書によると、自由記述欄に「子どももコロナ対策に参加したい。決められたことしかしないのはおかしい」と書いた中学生がいたそうです。

この二つのことは何を意味しているのでしょう。

コロナ禍になる前から、学校スタンダードは、子どもたちが自分たちの生活のありようを決める権利をはく奪してきました。学校は子どもたちが生活している場なのに、その生活のありようは、全て学校や教師が決めてしまうのですから。

子どもたちがこのコロナ禍の中で「大きな声を出してはいけない」「黙って食べて」などと生活の中で自由を奪われ、指示されるだけの生活を送っているという中から出てきた声でもあるのです。子どもたちは、先の中学生のように、自分たちもコロナ対策に参加したい。子どもたちはこの危機的な感染症の広がりの中でも社会の役に立ちたい、頼りにしてほしいと思っているのです。それなのに大人が全部やってしまう。子どもは指示に従うだけ。こんな状況では自信も自己肯定感ももてないで当然というべきでしょう。

こんな学校生活をしていると、自分たちが決めるべきことを誰かが知らないうちに決めても、それを問題だとも思えなくなり、やがて、その方が楽ちんと思うようになってしまいます。その結果が、主権者意識がもてないことや、若者の投票率が低いということにもつながっていくのです。

ガート・ビースタは著書『民主主義を学習する』（勁草書房、二〇一四年）の中で「よりよき民主主義を得るためには、よりよき市民が必要であるなどと提案するのではなく、むしろ、よりよく市民となるためには、よりよき民主主義を必要とする」と言います。また、「民主主義の実験を行うことのできる場所・空間を開いたままにしておくことである」とも述べています。つまり、民主主義の担い手を育てるためには、民主主義を原理とする空間、社会こそ必要だと言っているのです。

そのように考えると、島小には「子ども祭りの企画がしたければ、後期の運営委員会に入ればいい」「オリジナル給食を考えたければ、保健・給食委員会に入ればいい」「自分の好きなクラブは三人以上の仲間を組織し、同意を得れば作ることができる」「児童総会を開いて原案を提案すれば大抵のことはできる」といったように、子どもたちには、それなりの見通しがもてました。それは、自分の夢の叶う道であり、社会を作っていく見通しと言い換えることもできます。見通しがあることは、子どもたちの生き生きした生活を生み出します。頼りにされた者には自信が生まれます。一生懸命、口をとがらして主張したことは、責任をもって成し遂げようとします。そういう子どもたちを何人も見てきました。子どもたちを信じて任せてみる。それに子どもたちも応えてくれる。そうして心地いい関係を作ることができたのだと思います。

子どもたちが生活づくりを自分たちでする世界では、どんなことが起きているのでしょう。「島小のような小さな学校で、毎日日替わりで学年ごとに割り当てを決めて遊ぶ。なんか変じゃない？」ここから生まれたのが「体育館フリー計画」でした。「全学年が毎日体育館で平和裏に遊べないか」と考えたのです。それに取り組んだ山本沙依は十数年たった今、「わたしは自分の権利というものを本当にわかっていたかどうかと言うとわかってなかったはずです。わからないからこそ、わかりたいという気持ちと、それについて必死に考えて、頭を働かせることがわたしを凄くわくわくさせたんです」と証言しています。

「考える。頭を働かせる」ことは、目の前に、自由に作り変えていい空間・社会が広がっているからこそできるものなのです。自分たちの社会は、自分たちで決められるというところに、考えるということが出てくるのです。学校から帰ってスケジュールの決まっている人は、今日どんなふうに過ごそうかなんて考えません。沙依たちは、休み時間のすごし方について考えに考え抜いて、みんなに提案する原案を何種類も書いたのです。それが面白かったのです。

もう一つ重要なことは学習についてです。ここで提案した自主編成は、教師の専門性を問うものと言っても過言ではありません。学校ごとに、子どもも地域も違います。そうすると、教科書通りというわけにはいかなくなります。そこで教えるべき内容と、子どもたちの実態と、地域のようすから、教師の専門性を発揮して教材作りが始まります。その原理原則を現在に生かすとすれば、それは子どもたちの身近で起きているコロナを教材にすることでしょう。コロナで自分の生活がどのように変化したか。その結果、どんな困難に出会い、どんな克服の芽をみつけることができたのか。それを自身の生活から見てもいい、地域の人たちの生活・くらし・仕事との関係で見てもいい。その困難を語り合い、子どもたち自身が知恵を出すよう、出せるように仕掛けていくのです。このように、学習を組むと、自分事として真剣に楽しい学習ができるのです。

こんな豊かな学校生活を、保護者や地域の皆さんが支えてくださったことが、何よりの宝でした。大西さんはコラムの最後に「みんなで決める事の重要さが、学校を中心に地域にどんどん浸透してきた時代であった」と語っておられますが、この言葉はその象徴と言えるでしょう。本当に熱心に、学校協議会や体操服専門部会を開きました。その中で、学校の周りにとても大きな空間ができていました。それも、子どもたちが働きかけることのできる空間・社会の広がりです。たくさんの地域の方が、自分の仕事を語ってくださいました。菜の花畑の実践では、「うちの菜種も刈りに来てくれるか」と声をかけていただきました。生活の面では「憲章っていうけど、うちの孫の…」と子どもたちに問いかけてくださいました。それを受けて真剣に考えていた子どもたち。それを見守っていられた教職員。この構図がとても素敵でした。

私が勤めた島小をはじめとする学校には、ビースタのいう「民主主義の実験を行うことのできる場所・空間」が開けっ放しで広く広く広がっていたのではないでしょうか。

島小を中心とする十数年前の実践を今、本にまとめようと思ったのには、理由があります。大阪教育大学の大学院で学んだころ、解説を書いてくださった福田敦志先生が何度も私の実践についての研究会を開いてくださって支えていただいたことです。また、この実践を特別活動論や総合学習の講義で話すと、自分たちの学校では「水族館」や「菜種油」のようなことはしたことがない。「総合は遅れている教科の補充の時間でしかなかった」「特活や総合ってこんなに面白く、子どもたちにとって重要な意味をもっているのですね」と学生たちが話したことです。

この実践集の中で、コラムを引き受けてくださった方をはじめとする子どもたちや保護者の皆さん、執筆をしてくださった中村小百合先生、野村真紀さんをはじめとする実践を一緒になって作ることができた4つの学校の教職員の皆さん、解説でこの実践に新しい視点を与えてくださった福田敦志先生、実践を検討し豊かにしてくれた全生研の仲間に感謝の気持ちでいっぱいです。

「私が2歳の時に水族館やってたんやな」などと、今は母となった娘が電話でのやり取りの中、つぶやきながら校正を手伝ってくれました。このような家族の支えもこの本を生み出す力となりました。

最後になりましたが、このような機会を与えてくださった高文研の飯塚直さん、編集の仲村悠史さんには、時間との戦いの中、丁寧なご指導と温かいお力添えをいただき、心より感謝し、厚くお礼申し上げます。

二〇二一年三月　　植田一夫

植田　一夫（うえだ・かずお）

1956 年、滋賀県彦根市に生まれる。大阪青山大学特任准教授、大阪教育大学非常勤講師。大学を卒業後、彦根東高校定時制、長浜高校で社会科の非常勤講師。その後、島小学校など４校の公立小学校に定年まで勤務。大阪教育大学大学院教育学研究科学校教育専攻修了。全国生活指導研究協議会研究全国委員、滋賀県生活指導研究協議会代表、子どもと自然学会理事。趣味は琵琶湖でヨット・カヌー、映画鑑賞、古書市訪問など。共著に『共同グループを育てる』（2002 年、クリエイツかもがわ）、『学びに取り組む教師』（2016 年、高文研）、『学校づくりの実践と可能性』（2019 年、績文堂出版）など。

福田　敦志（ふくだ・あつし）

1972 年、岡山県生まれ。広島大学大学院教育学研究科教育科学専攻博士後期課程単位取得満期退学。博士（教育学）。広島大学教育学部助手、大阪樟蔭女子大学学芸学部専任講師、准教授を経て、現在、大阪教育大学教育学部准教授。

＜主著＞

『「K の世界」を生きる』クリエイツかもがわ、2013 年（共編）。

『新しい時代の生活指導』有斐閣、2014 年（分担執筆）。

『インクルーシブ授業の国際比較研究』福村出版、2018 年（分担執筆）。

学校ってボクらの力で変わるね

子どもの権利が生きる学校づくり

●二〇二一年四月三〇日――――第一刷発行

著　者／植田　一夫

解　説／福田　敦志

発行所／株式会社 高文研

東京都千代田区神田猿楽町二―一―八

三恵ビル（〒一〇一―〇〇六四）

電話０３―３２９５―３４１５

https://www.koubunken.co.jp

印刷・製本／中央精版印刷株式会社

★万一、乱丁・落丁があったときは、送料当方負担でお取りかえいたします。

ISBN978-4-87498-754-4　C0037